Desenvolvimento de Sites Dinâmicos com

DreamweaverCC

Denilson Bonatti

Desenvolvimento de Sites Dinâmicos com
DreamweaverCC

BRASPORT

Editor: Sergio Martins de Oliveira
Diretora: Rosa Maria Oliveira de Queiroz
Gerente de Produção Editorial: Marina dos Anjos Martins de Oliveira
Revisão: Maria Inês Galvão
Editoração Eletrônica: SBNigri Artes e Textos Ltda.
Capa: Paulo Vermelho

B699d   Bonatti, Denilson

        Desenvolvimento de sites dinâmicos com DreamweaverCC / Denilson Bonatti – Rio de Janeiro: Brasport, 2013.

        ISBN: 978-85-7452-613-3

        1. Sites da Web – Desenvolvimento 2. Dreamweaver – Programa de computador I. Bonatti, Denilson II. Título

                                                         CDD: 005.3

Ficha catalográfica elaborada por bibliotecário – CRB7 6355

BRASPORT Livros e Multimídia Ltda.
Rua Pardal Mallet, 23 – Tijuca
20270-280 Rio de Janeiro-RJ
Tels. Fax: (21) 2568.1415/2568.1507
e-mails: **marketing@brasport.com.br**
          vendas@brasport.com.br
          editorial@brasport.com.br

site: **www.brasport.com.br**

Filial
Av. Paulista, 807 – conj. 915
01311-100 – São Paulo-SP
Tel. Fax: (11) 3287.1752
e-mail: **filialsp@brasport.com.br**

*À minha esposa Mariana, aos meus pais
Maria Cristina e Antônio e aos meus
irmãos Rodrigo, Débora, Rogério e Daniel.*

Agradecimentos

Ao diretor executivo da Brasport, Sérgio Martins de Oliveira, pela ligação em um domingo de manhã me convidando para o desenvolvimento deste projeto.

Aos leitores e àqueles que acreditaram neste projeto.

Apresentação

Este projeto envolve todas as etapas do desenvolvimento de websites dinâmicos utilizando a ferramenta de desenvolvimento Adobe Dreamweaver CC. A intenção do livro é ser objetivo e didático ao explicar conceitos utilizados no desenvolvimento de sites, não se estendendo em conceitos teóricos de desenvolvimento e explicações avançadas de linguagens de programação e banco de dados. O objetivo deste livro é mostrar de uma maneira prática todo o desenvolvimento de um site, desde a criação do layout até a criação das páginas em código PHP. É destinado àqueles que desejam ingressar no mercado web e a profissionais que desejam conhecer as ferramentas do Adobe Dreamweaver para o desenvolvimento de sites dinâmicos.

Sobre o Autor

Denilson Bonatti é formado em Web Design e possui MBA em Desenvolvimento de Marcas e Marketing, ambos pelo Centro Universitário de Araraquara (UNIARA).

Possui experiência de mais de dez anos ministrando aulas em diversos centros de treinamento. Desenvolveu diversos cursos e materiais didáticos para várias franquias de cursos profissionalizantes e cursos a distância (EAD), entre eles Onbyte Formação Profissional (www.onbyte.info), Remington Educação e Profissão (www.remington.com.br), Treinaweb (www.treinaweb.com.br), Cursos 24 horas (www.cursos24horas.com.br), etc.

Fale com o autor:

Em caso de alguma dúvida, sugestão ou crítica sobre o conteúdo do livro, entre em contato pelo e-mail contato@denilsonbonatti.com.br.

Sumário

Introdução ao Desenvolvimento de Sites

O que é um website dinâmico?

São chamados de websites dinâmicos os sites em que as páginas são geradas a partir da interpretação da programação realizada nos arquivos do servidor remoto, ou seja, cada vez que um usuário acessa uma página em um website dinâmico, o HTML é gerado em tempo real. Por exemplo: ao acessar uma página de um website de vendas online, é feita uma consulta ao banco de dados e, com base nessa consulta, é gerada uma página para o usuário. Caso haja alguma alteração nesse banco de dados, automaticamente a página gerada para o usuário será refeita – desta forma, o conteúdo dos websites dinâmicos está em constante atualização.

Diferentemente dos websites estáticos, cuja tendência é ficar inalterável ao passar do tempo, um website dinâmico sofre atualizações frequentes realizadas normalmente através de um painel de controle, também conhecido como área administrativa do website.

No início da internet os websites comerciais eram formados por páginas estáticas onde eram normalmente exibidas informações institucionais da empresa, algumas imagens e talvez um formulário de contato. As informações presentes nesses websites demoravam semanas e até meses para serem atualizadas e, na maioria das vezes, eram modificadas pelo web designer, que deveria realizar essas alterações no código-fonte do website. Hoje a internet e os usuários mudaram, e os websites comerciais devem ter, além de informações institucionais, uma interatividade maior com o usuário e conter informações dinâmicas que devem ser atualizadas constantemente.

Imagine um website de uma imobiliária onde imóveis são lançados e vendidos constantemente. O proprietário dessa imobiliária não quer ficar dependente de um web designer para atualizar essas informações. E se os imóveis puderem ser atualizados no website por qualquer funcionário através de uma área administrativa que irá controlar todo o fluxo de informação do website? Claro que para o proprietário da imobiliária ficaria muito mais fácil a administração do conteúdo. A grande vantagem para o proprietário da imobiliária é a possibilidade de administrar o conteúdo do seu website sem a necessidade de conhecimento técnico avançado em linguagens de programação.

Diferentes sites, diferentes administradores

No desenvolvimento de um website dinâmico com o uso de uma área administrativa, deve ficar definido qual será a função e quais serão os poderes do administrador. Ao se criar um blog, por exemplo, utilizando as ferramentas disponíveis na internet (como Blogspot, Wordpress, etc.), você como administrador tem os poderes de alterar o layout do blog, de postar novas atualizações, excluir postagens e de administrar os comentários dos usuários. Os usuários de seu blog têm apenas os poderes de incluir mensagens na área de cada postagem. No desenvolvimento de um site dinâmico deve-se ter em mente quais serão os poderes deste administrador – normalmente, ele pode inserir, alterar e excluir conteúdos, mas não é possível alterar o layout do site. Mas isso não é uma regra. Antes do desenvolvimento do site deve ficar claro, através de uma boa conversa entre você e o cliente, quais serão os "poderes" do administrador, entre outras definições.

O desenvolvimento de um site começa com uma boa conversa

Este é o caso do senhor João, que possui uma imobiliária na cidade de São Paulo com o nome de Avenida Negócios Imobiliários (claro que o Sr. João e a sua imobiliária são fictícios). O Sr. João contratou você para desenvolver um site dinâmico para a imobiliária e ele gostaria que o seu funcionário Carlos incluísse os novos imóveis para venda e excluísse os já vendidos.

O Sr. João apresentou a empresa para você e mostrou o logotipo da empresa (Figura 1). Mas essas informações não são suficientes para o desenvolvimento do website da empresa do Sr. João. Antes disso é necessário uma boa conversa.

Figura 1

Capítulo 1

Briefing de Desenvolvimento

Essa primeira conversa é conhecida como "briefing", onde você irá coletar informações de como será o website.

Nessa conversa procure saber quem é o público-alvo do site, que tipo de usuário irá acessá-lo, a escolaridade, sexo, etc. Conheça qual será o objetivo do website, pois não adianta você criar um site com um carrinho de compras se o objetivo do site não é vender diretamente ao consumidor.

Depois da conversa com o Sr. João, as seguintes informações foram coletadas no *briefing*:

- O website terá o objetivo de ser um catálogo eletrônico dos imóveis. Não será um canal de vendas direto, mas o usuário poderá enviar um e-mail através de um formulário pedindo mais informações sobre o imóvel ou mostrando um interesse de compra.
- O público-alvo deste website é em sua maioria homens acima dos trinta anos com intenção de comprar seu primeiro imóvel ou comprar um imóvel para investimento.
- A maioria dos imóveis presentes no website será da cidade de São Paulo.
- O site deverá exibir o título principal para o imóvel, uma descrição, o seu valor de venda e mais três fotos.
- A imobiliária somente comercializa casas e apartamentos.
- O site conterá, além dos imóveis, uma área institucional chamada "Quem Somos" e um formulário de contato.
- O Sr. João destacou quem são os principais concorrentes da imobiliária.

Dê uma olhada na concorrência

Com as informações do *briefing*, procure sempre uma referência para a criação do layout. Navegue pelos sites de busca e procure pelos websites dos concorrentes do Sr. João. Conhecendo os websites dos concorrentes você poderá descobrir um diferencial para o website que será desenvolvido. É claro que você não vai copiar o layout da concorrência, mas olhar os concorrentes serve principalmente para saber o que fazer e o que não fazer.

1.1. Guia para desenvolvimento de um website

No desenvolvimento de qualquer novo produto é sempre importante que se siga um roteiro de desenvolvimento, que nada mais é do que uma espécie de mapa com as etapas a serem realizadas no decorrer do desenvolvimento do projeto. No caso deste website, seguiremos as seguintes etapas (Figura 2):

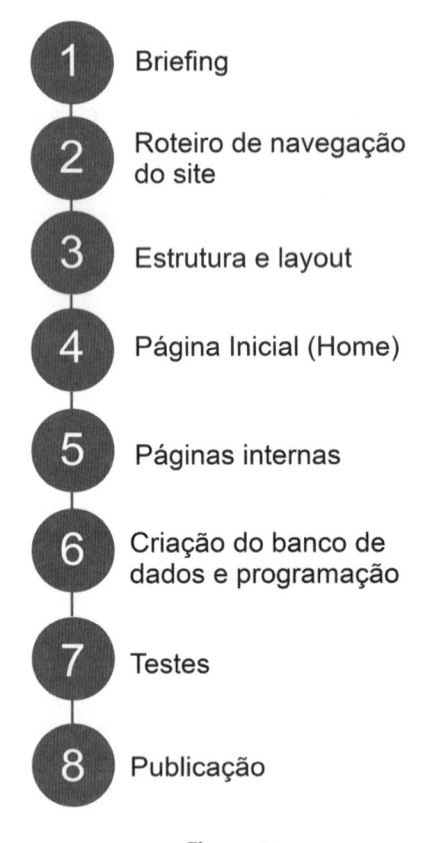

Figura 2

Seguindo o guia de desenvolvimento, a próxima etapa é a elaboração do roteiro de navegação do website. Com a criação deste roteiro será possível saber quais serão as páginas que deverão ser desenvolvidas.

1.2. Roteiro de navegação

Descobrimos pelo *briefing* realizado com o Sr. João quais as informações que ele gostaria que o website contivesse. Além de saber quais páginas o website terá, o roteiro de navegação serve para indicar a forma que essas páginas serão acessadas, ou seja, a forma como o usuário irá navegar pelo website. Normalmente em um website as páginas são acessadas por um menu, e neste website que iremos desenvolver as páginas poderão ser visitadas da seguinte forma, a partir da página inicial chamada de "Home":

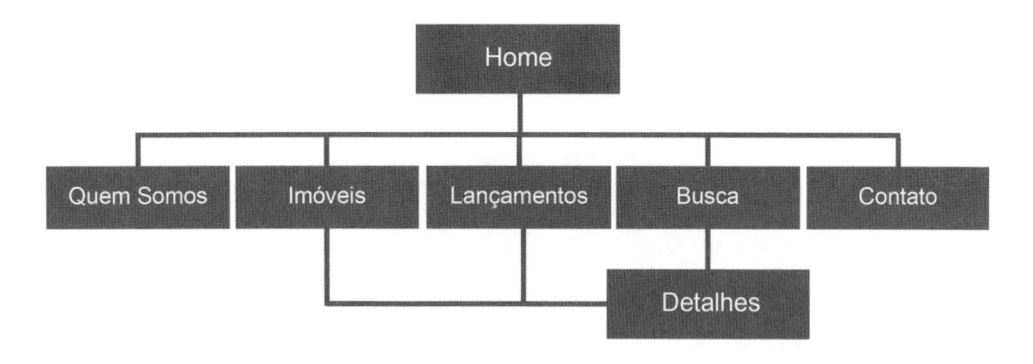

Figura 3

Esta será a forma que o usuário navegará pelo website. Agora, com a navegação definida, é importante saber o que cada página irá conter.

1.2.1. Conteúdo das páginas

- **Home:** nesta página estarão os dois últimos imóveis cadastrados como lançamento e destaque e o acesso aos demais links do site.
- **Quem Somos:** esta página conterá um texto com a missão e os valores da empresa. As informações desta página não terão o conteúdo dinâmico, ou seja, ela não poderá ser alterada pelo painel de controle do site. Essa informação foi confirmada com o Sr. João, ou seja, ele não tem o interesse de que essa área seja alterada pela área administrativa do site.
- **Imóveis:** nesta página será possível visualizar todos os imóveis disponíveis para venda e uma breve descrição de cada imóvel.
- **Lançamentos:** esta página exibirá todos os imóveis cadastrados como lançamento.

- **Detalhes:** esta página apresentará informações detalhadas do imóvel selecionado nas páginas "Imóveis", "Home", "Busca" e "Lançamentos", incluindo a exibição das imagens cadastradas no imóvel.
- **Busca:** esta página apresentará o resultado da busca efetuada pelo usuário através do campo de busca do site.
- **Contato:** esta página apresentará um formulário de contato onde o usuário preencherá informações que serão enviadas para um e-mail.

1.2.2. Navegação da área administrativa

Além do roteiro de navegação do usuário do website, é importante também criar o roteiro de navegação da área administrativa do site, onde o administrador poderá alterar as informações dos imóveis disponíveis.

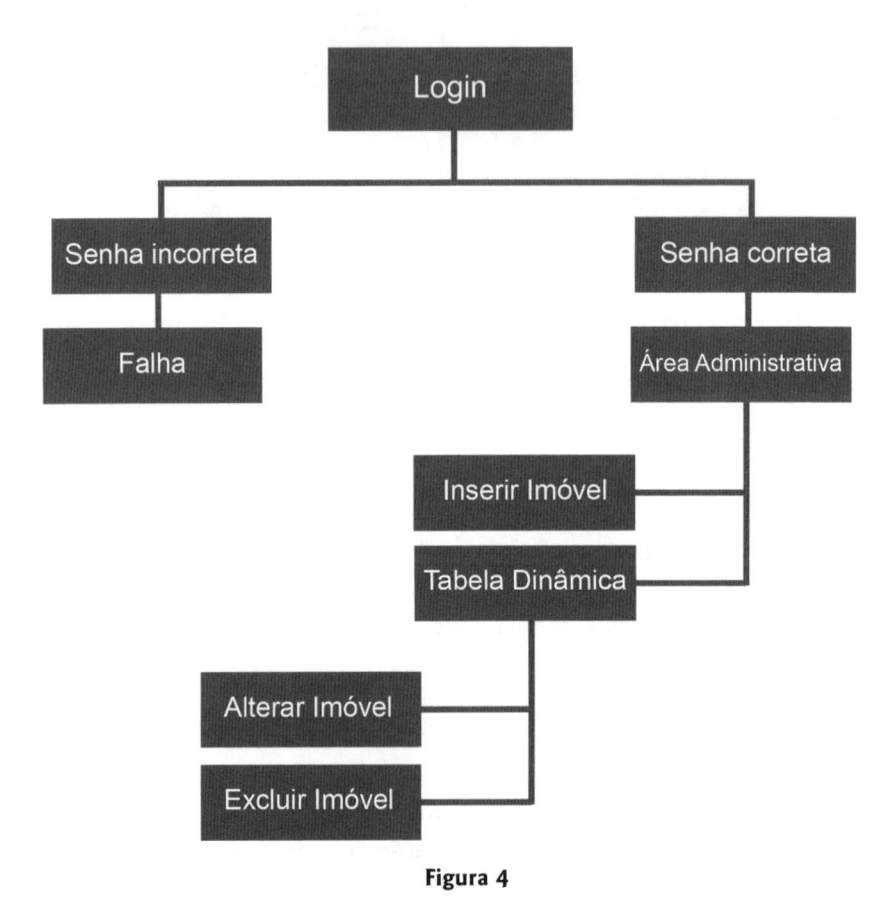

Figura 4

1.2.3. Conteúdo das páginas da área administrativa

- **Login:** esta página solicitará o nome de usuário e a senha para ter acesso à área administrativa. Caso a senha ou nome de usuário estejam incorretos, será apresentada ao usuário uma mensagem de erro na página "Falha". Caso o nome de usuário e senha estejam corretos, será aberta a página "Menu da área administrativa".
- **Menu – Área Administrativa:** apresentará ao usuário as opções de administração dos imóveis do site: "Cadastrar Imóvel", "Alterar Imóvel" e "Excluir Imóvel".
- **Cadastrar Imóvel:** formulário de cadastro de um novo imóvel para venda.

> *No briefing, é importante saber quais informações do imóvel deverão ser apresentadas para realizar o cadastro das informações pela área administrativa. Sabemos com o Sr. João que os campos necessários para inclusão serão: título, descrição, valor, foto1, foto2 e foto3.*

- **Tabela Dinâmica:** quando as opções para alterar ou excluir imóvel forem selecionadas pelo menu da área administrativa, uma tabela será exibida com todos os registros cadastrados no banco de imóveis. A partir desta tabela será possível selecionar entre alterar ou excluir o imóvel.
- **Alterar Imóvel:** depois de selecionado o imóvel pela tabela dinâmica, será exibido um formulário de alteração de dados. Neste formulário será possível corrigir erros de digitação ou inserir e atualizar fotos do imóvel.
- **Excluir Imóvel:** depois de selecionado o imóvel pela tabela dinâmica, a página "Excluir imóvel" irá excluir o registro selecionado do banco de dados.

1.3. Estrutura e layout

A estrutura do website, também conhecida como *wireframe*, é utilizada para identificar e dividir onde se localizarão as informações no website.

O *wireframe* é um desenho, como um esqueleto, que demonstra como os elementos do site serão exibidos em uma página. O *wireframe* deve ser desenvolvido de uma maneira simples para facilitar a sua criação pelo código do website. Para você entender melhor qual a função de um *wireframe* vamos inicialmente conhecer o layout do website.

1.3.1. Vamos ao rascunho

Com as informações do *briefing* vamos ao desenvolvimento do layout do site.

Layout é um esboço em que é mostrada a distribuição física do website juntamente com os tamanhos de elementos que serão utilizados nele, como imagens, animações e textos. Para a criação do layout do website você pode utilizar softwares como o Adobe Photoshop, Adobe Fireworks, Adobe Illustrator, CorelDraw, entre outros. A imagem a seguir (Figura 5) demonstra o layout do site desenvolvido no aplicativo Adobe Photoshop.

Figura 5

Este será o resultado obtido no final do livro.

Nesse layout, observe que está indicada a localização dos principais componentes do website, como, por exemplo, a barra de menu, o logotipo, onde serão exibidos os imóveis, o rodapé do website, etc.

Caso você não tenha o domínio do Adobe Photoshop ou de outra ferramenta de desenho, você pode desenhar um layout à mão livre indicando onde estarão os componentes principais do site. Veja um exemplo na próxima imagem (Figura 6).

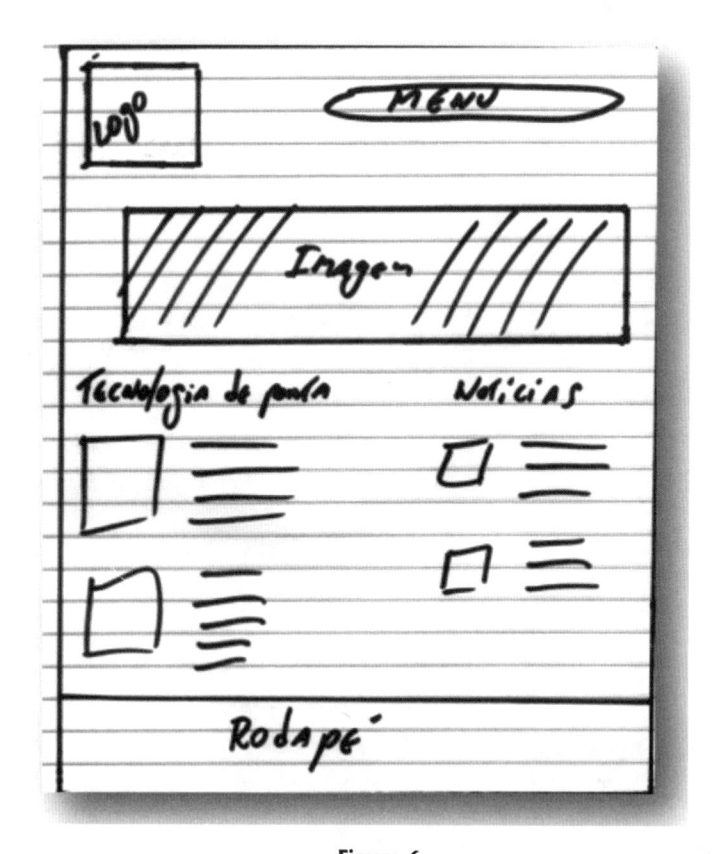

Figura 6

Para facilitar e agilizar o trabalho, pode-se também criar o layout das principais páginas que irão compor o website. Veja na imagem a seguir (Figura 7) o layout da página "Quem Somos".

Figura 7

Como esse site terá uma área administrativa, o layout desta página também foi definido (Figura 8):

Figura 8

Seguindo o layout da página Home (Figura 5), a estrutura de *wireframes* deste website ficará da seguinte forma:

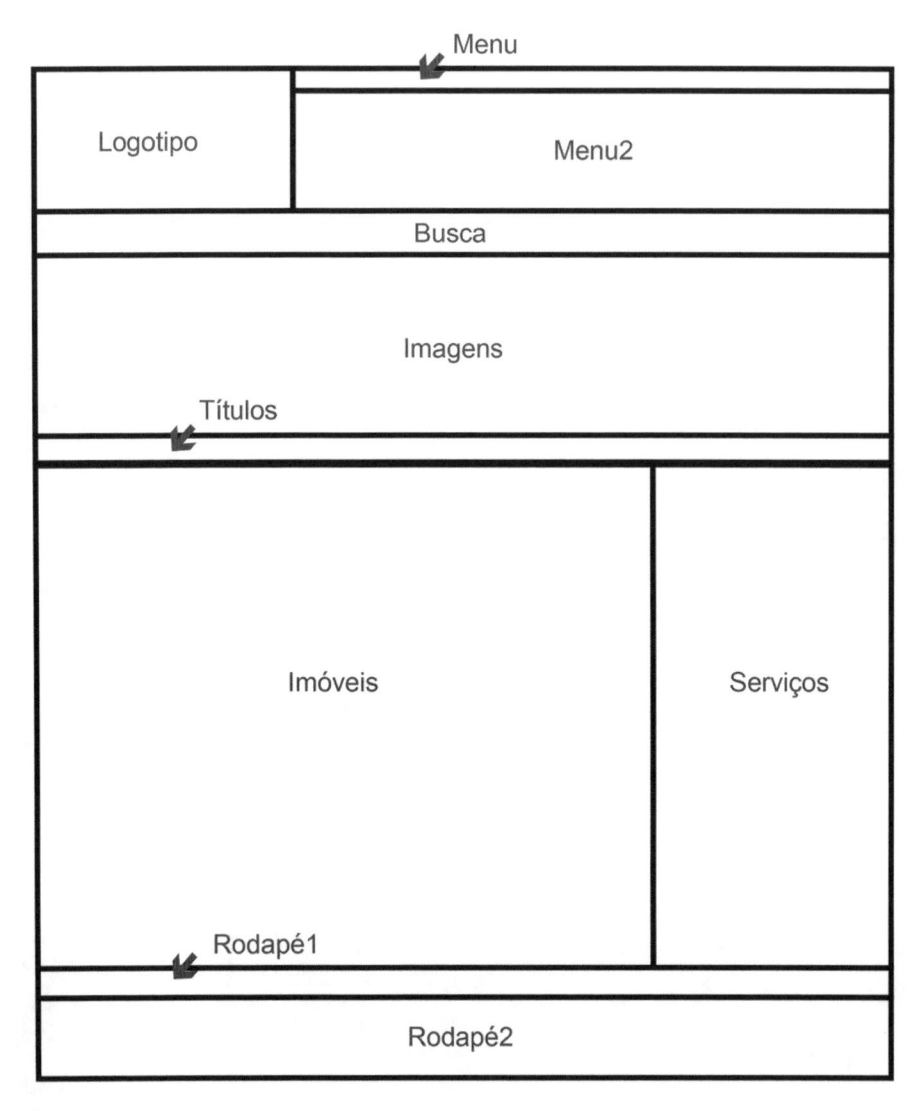

Figura 9

Observe que a estrutura de *wireframes* foi elaborada para organizar os elementos que entrarão na composição do projeto final, porém é mostrado apenas o essencial, como uma espécie de rascunho, sem cores ou imagens.

1.3.2. Resolução utilizada no website

Além de conhecer a estrutura de *wireframes* que será utilizada, é importante definir a resolução final do website. Nesse projeto, iremos utilizar a resolução de 990 pixels de largura por 1.150 pixels de altura.

Figura 10

Iremos desta forma distribuir a altura e a largura dos *wireframes* dentro dessa resolução. Veja como:

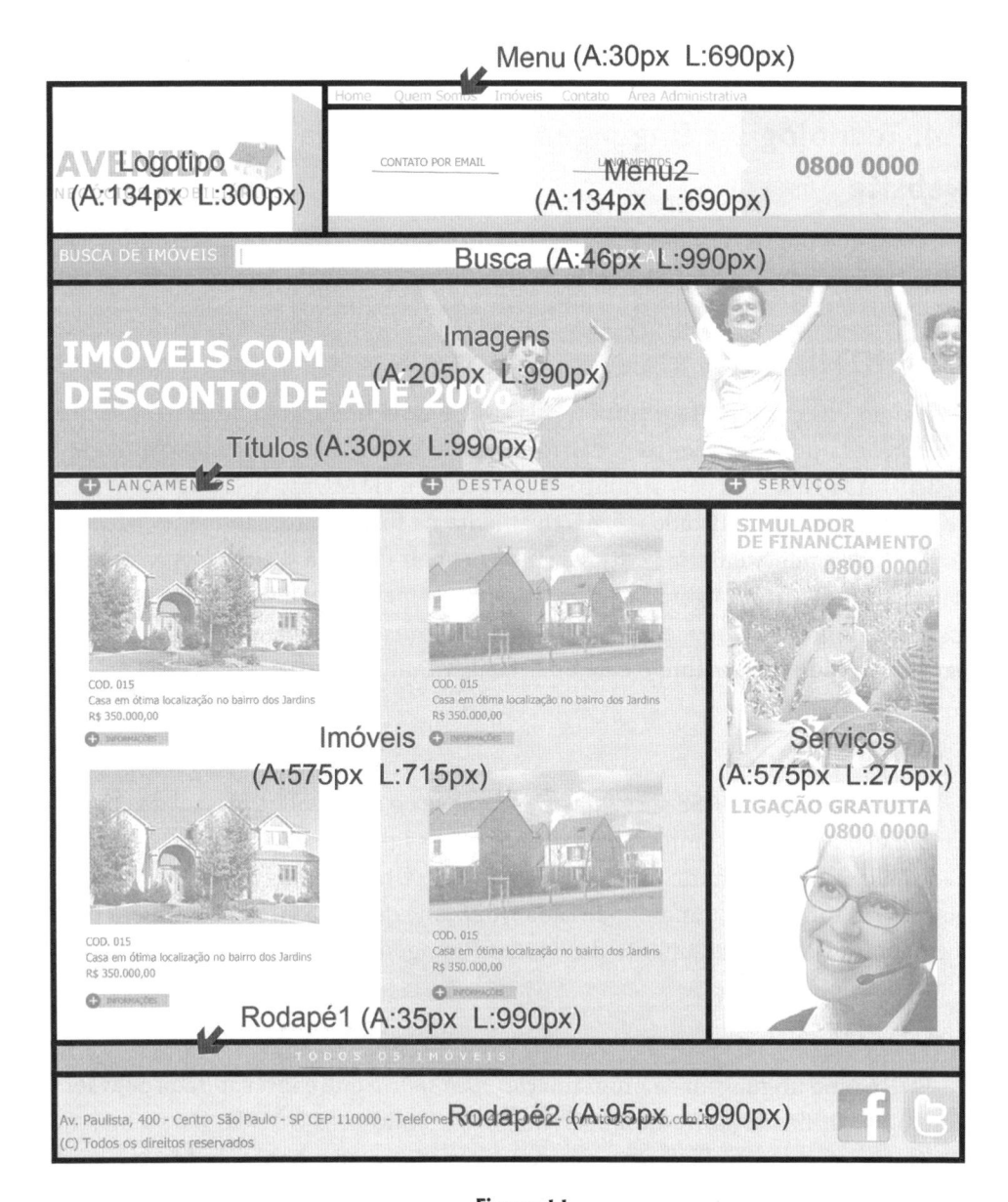

Figura 11

As medidas exibidas na imagem indicam primeiro a altura (A) e, posteriormente, a largura (L) de cada *wireframe*. Observe que as somas das larguras dos *wireframes* não ultrapassam 990 pixels, e com a soma da altura de todos os *wireframes* se obtém a altura total do site (1.150 pixels).

1.4. Tecnologia e linguagens utilizadas na construção do website

Agora que temos o layout e a estrutura de *wireframes* prontos, precisamos saber quais tecnologias e aplicativos serão utilizados no desenvolvimento deste website.

1.4.1. HTML

Padrão das páginas da internet, o HTML é uma linguagem de marcação que é interpretada pelo browser para dar formatação e posicionamento ao conteúdo do website. As instruções e os atributos da linguagem HTML são declarados em forma de *tags* iniciados e finalizados respectivamente na forma "<comando>" e "</comando>" – como, por exemplo: "<title> Minha primeira página </title>". A maioria das marcações HTML será gerada automaticamente pelo Dreamweaver, mas algumas *tags*, como, por exemplo, a de criação dos *wireframes*, iremos criar manualmente, para que o código fique limpo e de mais fácil entendimento.

1.4.2. CSS

As folhas de estilo CSS servem para promover o acabamento visual das páginas web. Elas podem ser compartilhadas entre várias páginas, permitindo assim uma padronização visual muito simplificada e lógica. Utilizaremos os códigos CSS para posicionar e indicar o tamanho de cada *wireframe* que será criado e também para a formatação e o posicionamento dos textos e imagens do site.

1.4.3. PHP

PHP é uma linguagem de programação *open source* que é interpretada pelo servidor, muito utilizada para o desenvolvimento de aplicações voltadas para a internet. Utilizaremos o código PHP para criar uma conexão com o banco de dados e gerenciar as informações presentes neste banco de dados, como, por exemplo, exibir os imóveis cadastrados, excluir os imóveis, etc.

1.4.4. WAMP

O WAMP é uma aplicação que agrega várias tecnologias, fornecendo ferramentas que facilitam a criação de websites dinâmicos. A instalação de um WAMP normalmente fornece os seguintes recursos:

- **Banco de dados MySQL:** é um sistema de gerenciamento de banco de dados utilizado em grande escala na internet que usa a linguagem SQL.
- **Servidor Apache:** é o servidor web mais utilizado na internet. Toda página de conteúdo dinâmico necessita de um servidor para que as informações solicitadas pelo código PHP obtenham resposta.

Utilizaremos neste projeto o WAMP EasyPHP na sua versão 12.1

1.4.5. Adobe Dreamweaver CC

Antes do surgimento do Dreamweaver, para construir um website dinâmico era necessário conhecimento de HTML, CSS e PHP. O Dreamweaver utiliza um sistema conhecido como WYSIWYG (*What You See Is What You Get*), no qual se pode criar diretamente o layout do site na janela do programa, tendo então aproximadamente a mesma aparência do resultado final no browser. E o mais importante é que o próprio Dreamweaver se encarregará de criar o código necessário para isso. É claro que em algumas atividades específicas, como criação de páginas de estilo e envio de imagens para um servidor, por exemplo, será necessária a digitação de algum código, do qual trataremos passo a passo mais adiante.

Este livro não irá se aprofundar em conhecimentos avançados de PHP, CSS e banco de dados, mas iremos descrever como utilizar o Dreamweaver CC como plataforma de desenvolvimento utilizando essas linguagens. Caso tenha interesse em se aprofundar nessas linguagens e tecnologias, existe no mercado uma infinidade de livros sobre esses temas.

1.5. Instalando os programas necessários

1.5.1. Instalando o EasyPHP

Como já visto, utilizaremos o EasyPHP como aplicativo WAMP, que pode ser baixado gratuitamente no endereço indicado a seguir:

http://sourceforge.net/projects/quickeasyphp/

Antes de realizar a instalação do EasyPHP feche todos os programas em execução. Alguns programas podem entrar em conflito com a execução da instalação do EasyPHP, como por exemplo o Skype.

1. Após o download do arquivo de instalação, execute o arquivo.
2. Ao ser exibida a janela de instalação, clique no botão "Next" (Figura 12).

Figura 12

3. Um contrato de utilização será exibido. Selecione a opção "I accept the agreement" e clique no botão "Next" (Figura 13).

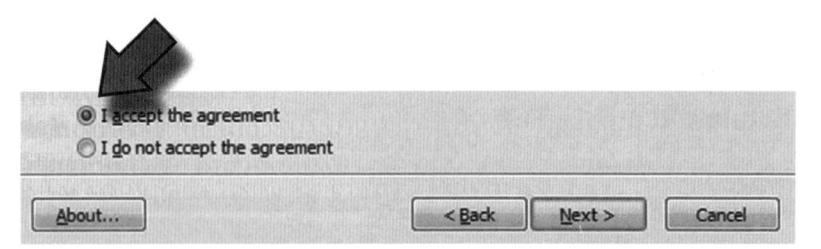

Figura 13

Uma mensagem será exibida alertando os usuários que já possuem o EasyPHP instalado no computador para que sejam feitas cópias de segurança dos arquivos e aconselhando que a versão anterior do EasyPHP seja desinstalada antes de prosseguir com a instalação. Acredito que este não seja o seu caso, mas se você tiver uma versão anterior do EasyPHP em seu computador, faça uma cópia de segurança dos seus bancos de dados e arquivos antes de prosseguir.

4. Clique no botão "Next".
5. Não altere a pasta padrão de instalação do EasyPHP (Figura 14) e clique no botão "Next".

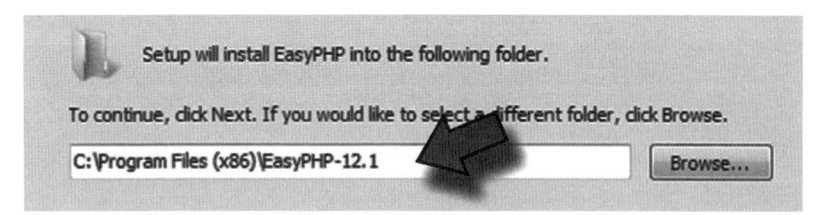

Figura 14

6. Deixe a pasta padrão de criação dos atalhos do programa e clique no botão "Next".
7. Clique no botão "Install" para realizar a instalação dos arquivos.
8. Após os arquivos serem instalados, desabilite as opções de execução do programa e exibição do arquivo de ajuda (Figura 15). Executaremos o EasyPHP posteriormente.

Completing the EasyPHP Setup Wizard

Setup has finished installing EasyPHP on your computer. The application may be launched by selecting the installed icons.

Click Finish to exit Setup.

☐ Open Help

☐ Launch EasyPHP

Figura 15

1.5.2. Instalando o Dreamweaver CC

Uma cópia de avaliação do Dreamweaver CC pode ser utilizada gratuitamente por trinta dias. Baixe no link a seguir:

http://www.adobe.com/br/downloads/

1. Localize o programa Adobe Dreamweaver e dê um clique no link "Testar" (Figura 16).

Figura 16

2. Clique no botão "Baixar Avaliação" (Figura 17).

Figura 17

3. Aguarde o início da instalação (Figura 18).

Figura 18

4. Para realizar o download de qualquer programa da Adobe, é necessário ter um conta chamada de Adobe ID. Caso você não tenha esta conta, dê um clique no botão "Criar uma ID da Adobe" (Figura 19).

Figura 19

Caso você já tenha uma ID da Adobe, digite o seu e-mail e sua senha e clique no botão "Entrar".

5. Na janela que será exibida, preencha os dados pedidos e crie uma senha para ter acesso ao Adobe ID (Figura 20).

Figura 20

6. Após você preencher os dados, dê um clique no botão "Criar".

7. Depois de realizar o logon com a Adobe ID criada, um contrato de utilização do software será exibido. Dê um clique no botão "Aceitar" (Figura 21).

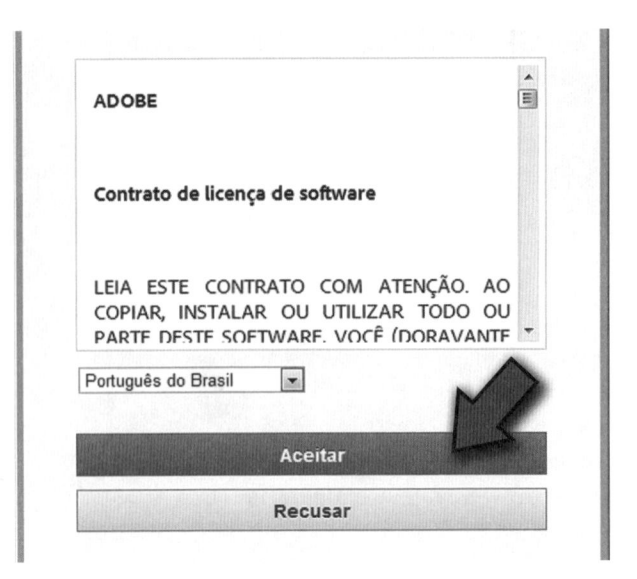

Figura 21

Observe que o download e instalação do Dreamweaver CC será iniciada (Figura 22).

Figura 22

Capítulo 2

Iniciando o Desenvolvimento do Site

Com layout definido e os programas necessários instalados, vamos dar início ao desenvolvimento do website. A primeira coisa a fazer é definir uma pasta de trabalho. Nesta pasta estarão todos os arquivos necessários para o website, como imagens, animações, arquivos de conexão com o banco de dados, etc.

2.1. Definindo a pasta de trabalho

Para que as páginas em PHP sejam executadas, é necessário criar uma subpasta dentro da pasta **www** do diretório de instalação do EasyPHP.

Vamos executar o EasyPHP.

1. Clique no menu Iniciar do Windows e posteriormente em "Todos os Programas".
2. Clique na pasta EasyPHP 12.1 e execute o atalho EasyPHP 12.1 (Figura 23).

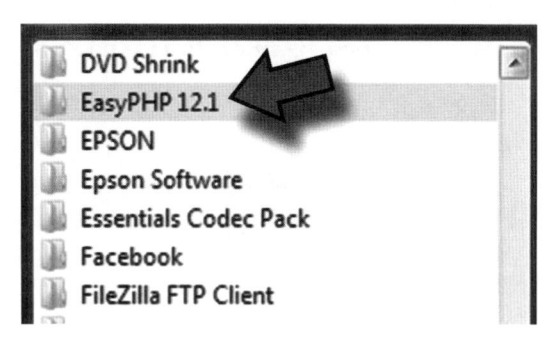

Figura 23

Observe, na barra de tarefas do Windows, que o EasyPHP estará em execução (Figura 24).

Figura 24

3. Clique com o botão direito do mouse sobre o ícone do EasyPHP na barra de tarefas.
4. Ao ser exibido o menu de atalho, selecione a opção "Explore" (Figura 25).

Figura 25

Observe que a pasta **www** foi aberta.

5. Crie uma pasta com o nome de **imobiliaria** (não utilize acentuação) (Figura 26).

Figura 26

Vamos iniciar o Dreamweaver CC para a construção do website.

2.2. Iniciando o Dreamweaver CC

Para executar o Dreamweaver, siga os passos:

1. Clique no botão "Iniciar" do Windows e depois em "Todos os Programas".
2. Clique na pasta de produtos Adobe instalada em seu computador e clique na opção "Adobe Dreamweaver CC" (Figura 27).

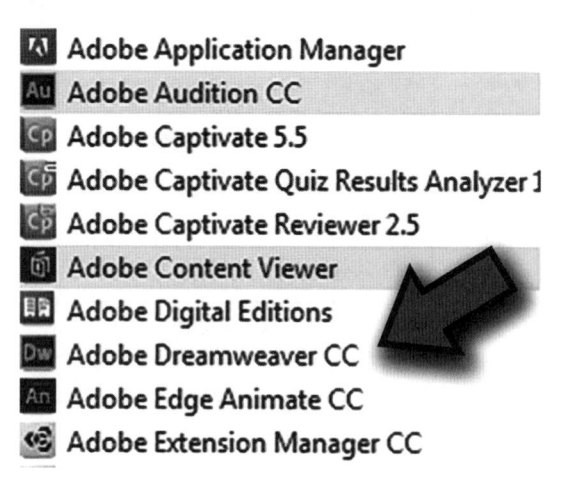

Figura 27

Com o Adobe Dreamweaver CC aberto, o próximo passo é criar um novo arquivo do tipo PHP.

3. Clique no menu "Arquivo" e, em seguida, sobre a opção "Novo" (Figura 28).

Figura 28

Vamos dar início a um documento PHP em branco.

4. Clique sobre o botão "Página em branco" e selecione na coluna "Tipo da página" a opção PHP e, na coluna "Layout", a opção "<nenhum(a)>" (Figura 29).

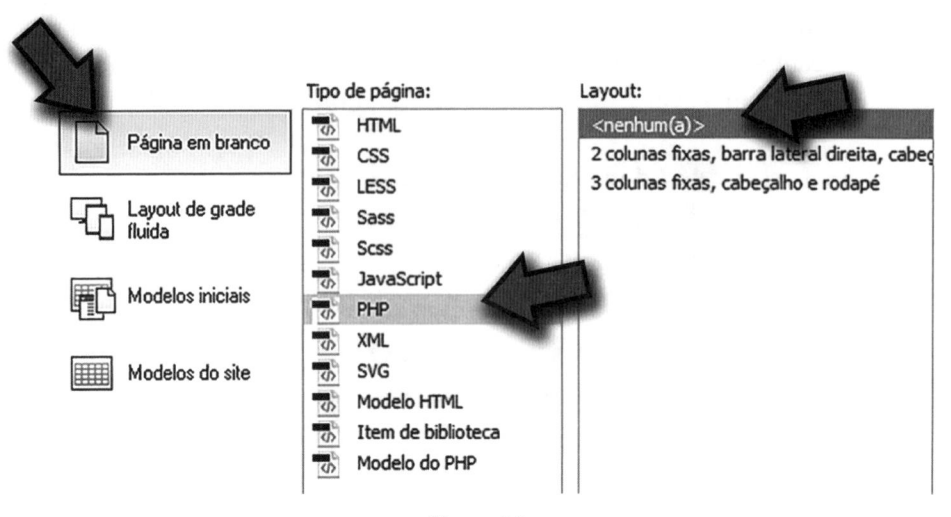

Figura 29

5. Certifique-se de que o tipo de documento HTML5 esteja selecionado no item "TipoDoc" (Figura 30).

Figura 30

6. Clique no botão "Criar".

Observe que a área de trabalho do Dreamweaver será exibida (Figura 31):

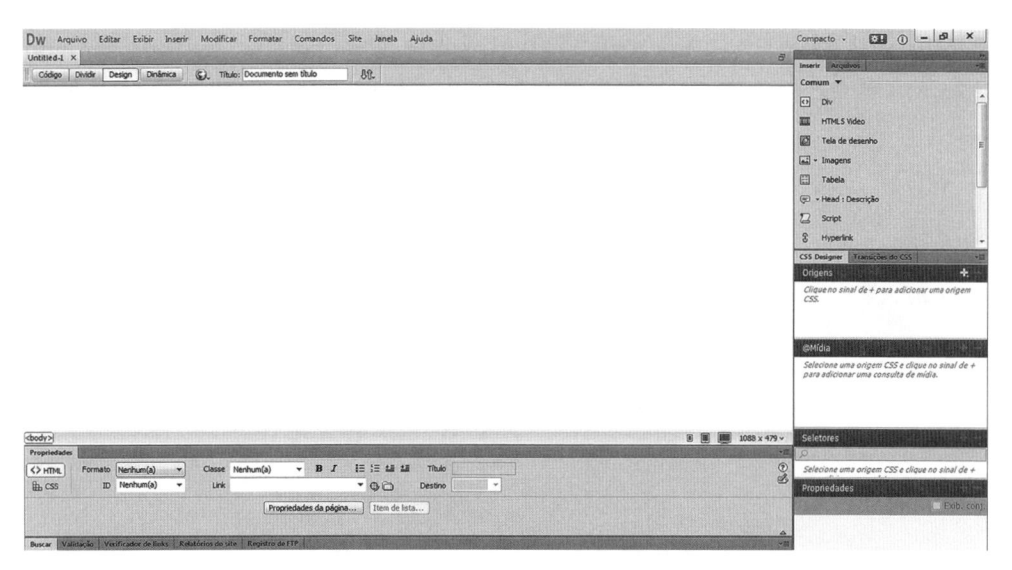

Figura 31

2.2.1. Área de trabalho do Dreamweaver

A área de trabalho do Dreamweaver é dividida da seguinte forma:

- **Barras de menu e de aplicativo:** na parte superior da tela encontra-se a barra de menu, que dá acesso a todas as funções do software. À direita da barra de menu está localizada a barra de aplicativo, que é utilizada para alternar o modo de visualização da área de trabalho e outras operações.

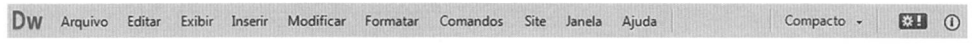

Figura 32

- **Barra de ferramentas Documento:** logo abaixo da barra de menu encontra-se a barra de ferramentas Documento. Esta barra de ferramentas será utilizada para navegar entre os diferentes tipos de visualização do arquivo e outras operações comuns em um documento.

Figura 33

- **Painéis:** os painéis do Dreamweaver facilitam a utilização das ferramentas de criação e edição de um documento. O painel "Inserir", apresentado na figura a seguir, possui as principais ferramentas de edição e criação de layout.

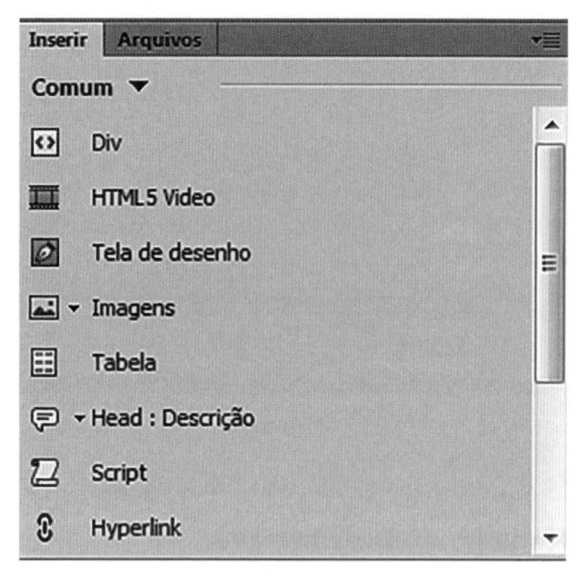

Figura 34

- **Barra de propriedades:** exibe as opções da ferramenta ativa. Esta barra sempre será modificada conforme a ferramenta de edição ativa no momento.

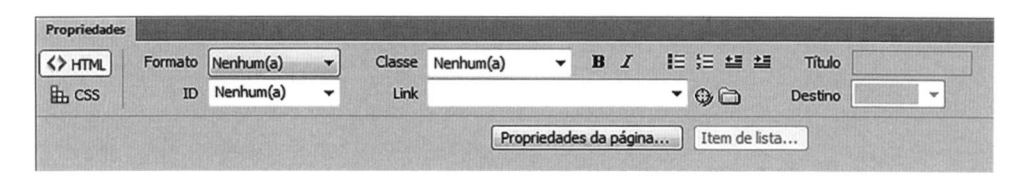

Figura 35

2.2.2. Modos de visualização de um documento

Na barra de ferramentas existem quatro botões de modo de visualização do documento (Figura 36).

Figura 36

- **Código:** este modo ativa a visualização do código HTML/PHP/CSS do arquivo aberto. Com este modo de visualização podemos adicionar novos códigos ou editar o código já existente.
- **Dividir:** este modo divide a tela em duas janelas, mostrando na janela da esquerda o código HTML e na janela da direita a visualização da página.
- **Design:** este modo é o padrão de edição de um documento no Dreamweaver. É possível editar o documento da forma como ele será exibido na internet.
- **Dinâmica:** este modo demonstra como o site será exibido no browser. É uma maneira de visualizar como será a aparência "ao vivo" da página, sem ter que deixar a área de trabalho do Dreamweaver.

2.2.3. Indicando a pasta local do site no Dreamweaver

Antes de iniciar o desenvolvimento do site, devemos indicar qual será a pasta local do site e qual será a tecnologia utilizada em sua construção. Lembre-se de que já criamos uma pasta local para o site e iremos utilizar as tecnologias MySQL e PHP.

1. Clique sobre o menu "Site" e selecione a opção "Novo site..." (Figura 37).

Figura 37

Observe que uma nova janela será exibida.

Nesta primeira etapa, vamos indicar o nome do site e a pasta onde serão salvos e editados os arquivos.

2. Clique na caixa do item "Nome do site" e digite **Imobiliária Avenida** (Figura 38).

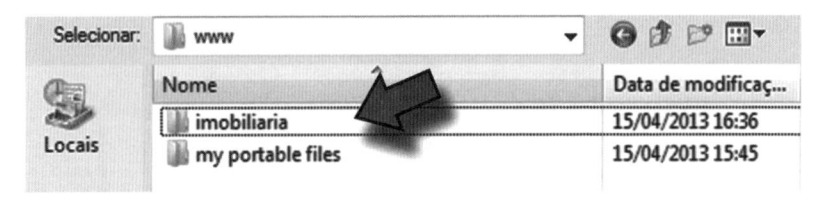

Aqui você selecionará a pasta local e um nome para seu site do Dreamweaver.

Nome do site: Imobiliária Avenida

Pasta do site local: C:\Program Files (x86)\EasyPHP-12.1\www\Site sem nome 2

Figura 38

Vamos indicar a pasta onde serão salvos os arquivos.

3. Dê um clique no botão "Localizar Pasta" indicado na Figura 39.

Aqui você selecionará a pasta local e um nome para seu site do Dreamweaver.

Nome do site: Imobiliária Avenida

Pasta do site local: C:\Program Files (x86)\EasyPHP-12.1\www\Site sem nome 2

Figura 39

4. Dê um clique duplo na pasta **imobiliaria** dentro da subpasta **www** do diretório de instalação do EasyPHP (Figura 40).

Selecionar: www

Nome	Data de modificaç...
imobiliaria	15/04/2013 16:36
my portable files	15/04/2013 15:45

Locais

Figura 40

5. Clique no botão "Selecionar pasta".

2.3. Definindo a tecnologia utilizada pelo servidor

O próximo passo é selecionar o tipo de servidor e a pasta.

1. Clique na opção "Servidores" (Figura 41) para que seja exibido o conteúdo do painel.

Configuração do site para Imobiliária Avenida

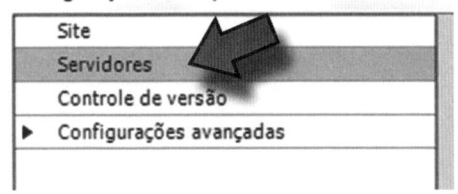

Figura 41

2. Dê um clique no botão (+) para que seja adicionado um novo servidor:

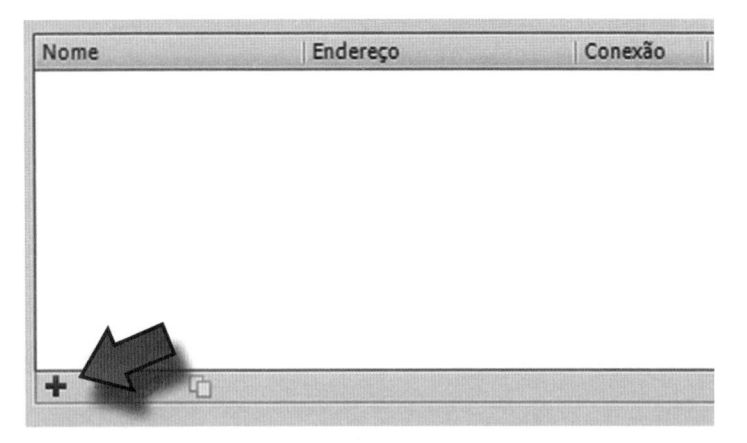

Figura 42

Vamos iniciar pelas configurações básicas.

3. Clique no botão "Básico" caso ele não esteja selecionado.

4. Dê um clique na caixa do item "Nome do servidor" e digite **imobiliaria**.

5. Agora vamos indicar qual o tipo de conexão que será utilizada para se conectar ao servidor. Clique na guia de seleção do item "Uso da conexão" (Figura 43).

Figura 43

6. Como vamos utilizar o EasyPHP como servidor, selecione a opção "Local/ Rede" (Figura 44).

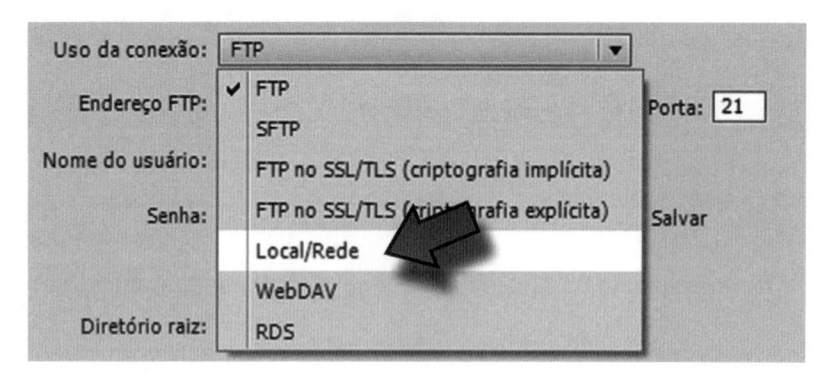

Figura 44

O próximo passo é indicar a pasta do servidor que, neste caso, é a mesma pasta onde serão salvos os arquivos do site.

7. Dê um clique no botão "Localizar pasta" do item "Pasta do servidor" (Figura 45).

Figura 45

8. Selecione a pasta **imobiliaria** dentro da subpasta **www** do diretório de instalação do EasyPHP.

O próximo passo é indicar a URL de teste do site.

9. Clique na caixa do item "URL da Web" e digite o endereço do servidor **http://localhost** e a pasta onde estão salvos os arquivos (**/imobiliaria**), como indicado na imagem (Figura 46).

Nome do servidor: imobiliaria
Uso da conexão: Local/Rede
Pasta do servidor: C:\Program Files (x86)\EasyPHP-12.1\www¹
URL da Web: http://localhost/imobiliaria/

Figura 46

O próximo passo é selecionar o tipo de tecnologia utilizada pelo servidor.

10. Dê um clique no botão "Avançado" (Figura 47).

Básico   Avançado

Nome do servidor: imobiliaria
Uso da conexão: Local/Rede
Pasta do servidor: C:\Program Files (x86)\EasyPHP-12.1\www¹
URL da Web: http://localhost/imobiliaria/

Figura 47

11. Clique na guia de seleção do item "Servidor de teste" (Figura 48).

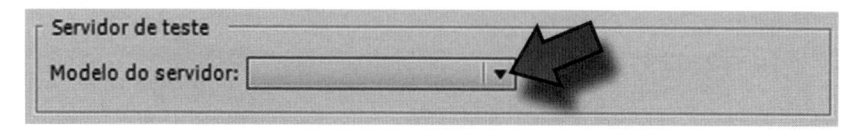

Servidor de teste
Modelo do servidor:

Figura 48

12. Selecione a opção "PHP MySQL" (Figura 49).

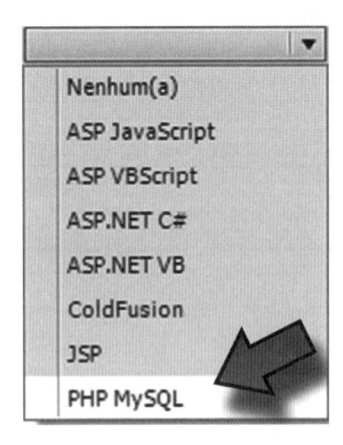

Figura 49

13. Clique no botão "Salvar".

14. Ative a opção "Testando" do servidor **imobiliaria** (Figura 50).

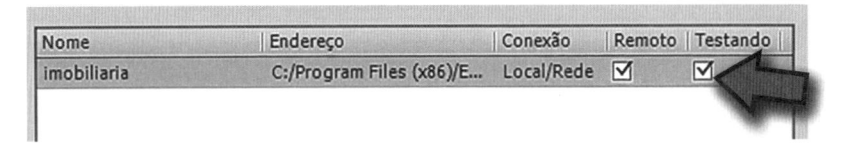

Figura 50

15. Clique no botão "Salvar".

O próximo passo é conectar-se ao servidor remoto no painel "Arquivos".

16. Altere o modo de visualização do painel "Arquivos" para "Visualização Local" (Figura 51).

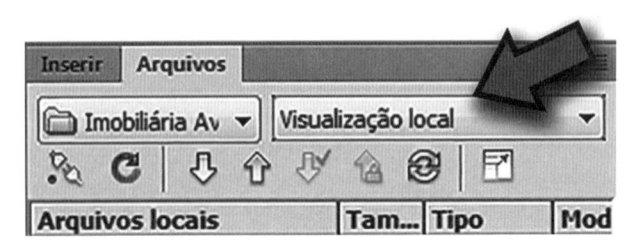

Figura 51

Observe que no painel "Arquivos" a pasta de trabalho do site foi configurada (Figura 52).

Figura 52

A próxima etapa é salvar este arquivo na pasta **imobiliaria**.

1. Clique no menu "Arquivo" e em seguida clique em "Salvar".

Observe que a janela "Salvar" foi aberta já indicando a pasta de trabalho **imobiliaria**.

2. Clique na caixa do item "Nome" e digite **index.php** (Figura 53).

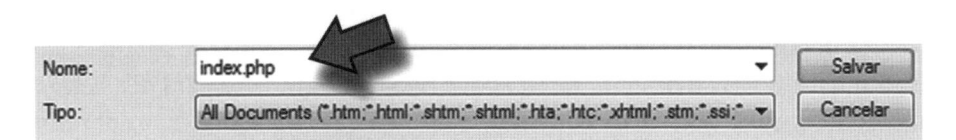

Figura 53

3. Clique no botão "Salvar".

Capítulo 3

Criando o Layout da Página Home

Após conhecermos a área de trabalho do Dreamweaver, neste capítulo será iniciada a criação do layout da página Home do site com base no layout e na estrutura de *wireframes* apresentados no Capítulo 1 pelas figuras 5, 9 e 11. Neste capítulo são conhecidas as primeiras *tags* HTML e as principais propriedades CSS para a formatação do layout.

Vamos desenvolver o layout deste projeto utilizando o conceito *tableless*, que é uma forma de desenvolvimento de sites que não utiliza tabelas para disposição de conteúdo na página. O não uso de tabelas deixa o site mais leve, não sobrecarregando o browser. Consequentemente, a página será carregada de uma forma mais rápida. O não uso de tabelas também deixa o conteúdo mais acessível aos sites de busca, como o Google, por exemplo.

Para criar as divisões sem o uso de tabelas iremos utilizar a *tag* <div>.

3.1. *Tag* <div>

A *tag* <div> é utilizada para especificar uma divisão no documento HTML. Utilizaremos a *tag* para criar cada uma das seções indicadas na estrutura de *wireframes* criada no Capítulo 1 (Figura 11).

Na estrutura que será criada para representar o *wireframe* do site, indicaremos uma *div* principal que conterá todas as demais, que chamaremos de *container*. A *div* *container* terá 990 pixels de largura e 1.150 pixels de altura. Observe que este é o tamanho total que definimos para esse website. No interior da *div container* criaremos as demais divisões, como também é indicado na Figura 11.

1. Para dar início à parte prática deste capítulo, inicie o EasyPHP e abra o Dreamweaver CC.

Vamos abrir o projeto salvo no capítulo anterior.

2. Clique no menu "Site" e selecione a opção "Gerenciar sites..." (Figura 54).

Figura 54

3. Selecione o projeto **Imobiliária Avenida** (Figura 55).

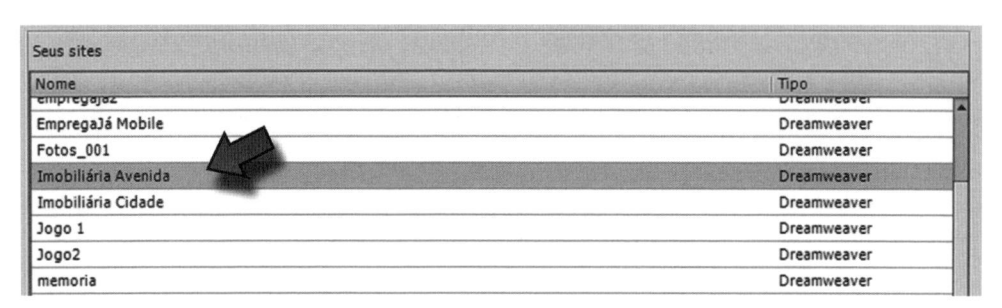

Figura 55

4. Clique no botão "Concluído".
5. No painel "Arquivos" dê um clique duplo sobre o arquivo **index.php**, como indicado na Figura 56.

Figura 56

6. Clique no botão "Código" para que seja exibido o código HTML da página (Figura 57).

Figura 57

Utilizando os conceitos modernos de desenvolvimento de sites, a formatação não é mais indicada no código HTML. Esta função ficará com o código CSS, que possui as propriedades necessárias para indicar tamanho, cor, posicionamento, entre outras especificações. Desta forma, no código HTML iremos apenas indicar quais elementos serão exibidos no browser.

Inicialmente vamos criar as *divs* que serão exibidas na página Home do site.

7. Digite dentro da *tag* <body> o código HTML a seguir, como indicado na figura 58:

```
<div id="container">
<div id="menu">Menu </div>
```

```
1   <!doctype html>
2   <html>
3   <head>
4   <meta charset="utf-8">
5   <title>Documento sem título</title>
6   </head>
7
8   <body>
9
10  <div id="container">
11  <div id="menu">Menu </div>
12
13  </body>
14  </html>
```

Figura 58

3.2. Criando um *container*

A *tag* <div id="container"> será somente fechada com a *tag* </div> depois de inseridas as demais *divs* que serão criadas dentro deste *container*.

Isso será feito para que as demais divisões criadas com a *tag* <div> sejam vinculadas à *div container* – desta forma, as *divs* vinculadas respeitarão o tamanho máximo da *div container* e o seu alinhamento dentro do browser.

1. Digite o código a seguir no local indicado na Figura 59.

```
<div id="logotipo">Logotipo</div>
<div id="menu2">Menu 2</div>
<div id="busca">Busca</div>
<div id="imagens">Imagens</div>
<div id="titulos">Títulos</div>
<div id="imoveis">Imóveis</div>
<div id="servicos">Serviços</div>
<div id="rodape1">Rodapé 1</div>
<div id="rodape2">Rodapé 2</div>
</div>
```

Observe que a *tag* <div id="container"> foi fechada no final do código:

```
<div id="container">
<div id="menu">Menu </div>
<div id="logotipo">Logotipo</div>
<div id="menu2">Menu 2</div>
<div id="busca">Busca</div>
<div id="imagens">Imagens</div>
<div id="titulos">Títulos</div>
<div id="imoveis">Imóveis</div>
<div id="servicos">Serviços</div>
<div id="rodape1">Rodapé 1</div>
<div id="rodape2">Rodapé 2</div>
</div>
```

Figura 59

2. Utilize as teclas Ctrl + S para salvar as alterações no arquivo.
3. Clique no botão "Design" para que você possa visualizar o design do website.

Figura 60

Observe que as *divs* foram criadas, mas ainda não foram especificados o seu tamanho e posicionamento (Figura 61).

Figura 61

3.3. Criando um arquivo CSS

CSS é a abreviação do termo em inglês *Cascading Style Sheet*, que é traduzido para o português como folhas de estilo em cascata. O CSS tem por finalidade indicar como uma determinada marcação em HTML deve ser exibida, como, por exemplo, cor, tamanho, posição, etc.

Segundo a W3C (*World Wide Web Consortium*), que é um consórcio internacional de pessoas e empresas e órgãos governamentais que visa desenvolver padrões para a criação e a interpretação de conteúdos para a web, CSS pode ser definida da seguinte maneira:

"CSS é um mecanismo simples para adicionar estilos, por exemplo, fontes, cores, espaçamentos, aos documentos web".

Na Figura 62 temos uma regra básica da anatomia de um código CSS, que deve ser composta pelo seletor e a declaração que será atribuída a esse seletor, composta por propriedade e valor:

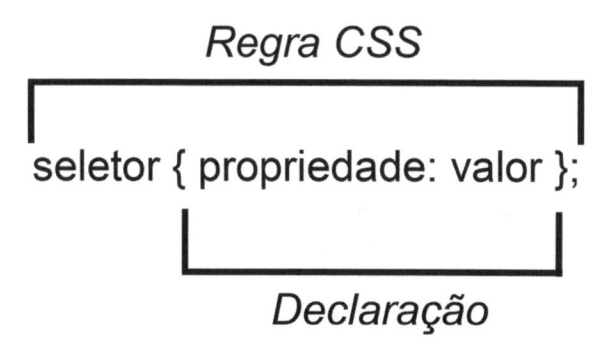

Figura 62

- **Seletor:** alvo da regra CSS.
- **Declaração:** parâmetros de estilização.
- **Propriedade:** define qual será a característica do seletor a ser estilizada.
- **Valor:** é a quantidade ou a qualificação da propriedade.

Com a estrutura criada, o próximo passo é criar o código CSS que irá formatar as *divs*.

1. Clique no menu "Arquivo" e em seguida selecione a opção "Novo".
2. Clique na guia "Página em branco" e posteriormente selecione a opção "CSS" da coluna "Tipo de página", como indicado na Figura 63.

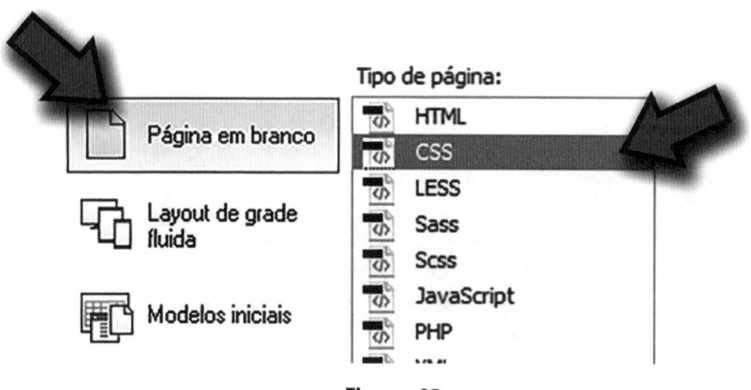

Figura 63

3. Dê um clique no botão "Criar".

Observe que uma nova aba foi aberta para a edição do arquivo CSS (Figura 64).

Figura 64

A definição da formatação das *divs* deve seguir o conceito de *box model*. O *box model* ou bloco de conteúdo é uma caixa retangular que pode conter um ou mais boxes.

As propriedades CSS que determinam as dimensões dos boxes são: *margin, border, padding, width* e *height*, e as referências para os quatro cantos do box são: *top, right, bottom* e *left*. Observe a Figura 65.

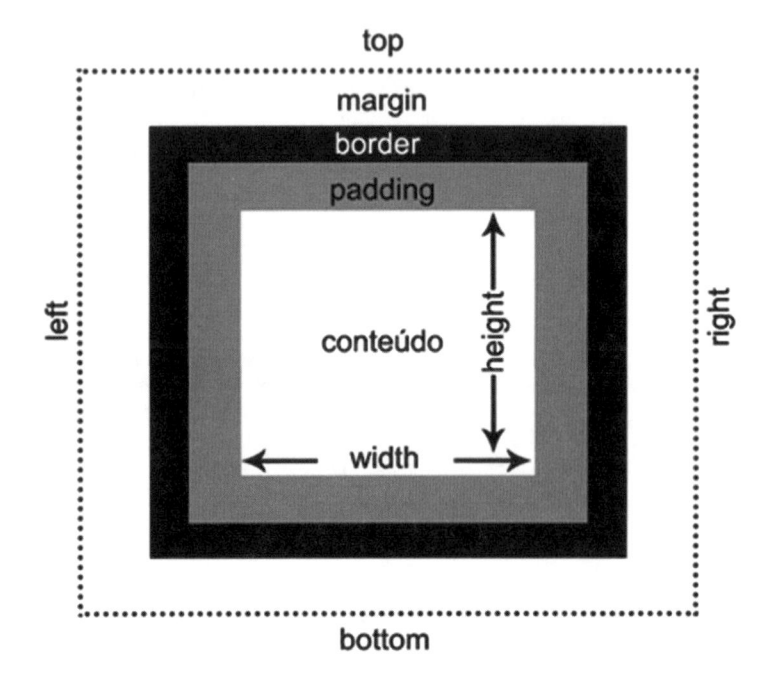

Figura 65

Não há a necessidade de configurar todas as propriedades de um box, mas somente as propriedades que você deseja alterar.

Devemos criar a formatação com os nomes dos seletores indicados na *tag* <div> pela propriedade id: *container*, logotipo, menu2, etc. Para indicar a id de uma *div* na formatação CSS é utilizado o prefixo #.

4. O primeiro seletor criado será para a *div container*. Digite o código indicado a seguir:

```
#container {
```

Utilizando o Dreamweaver é possível selecionar a propriedade pelo menu que será exibido (Figura 66). Se preferir, digite o nome da propriedade.

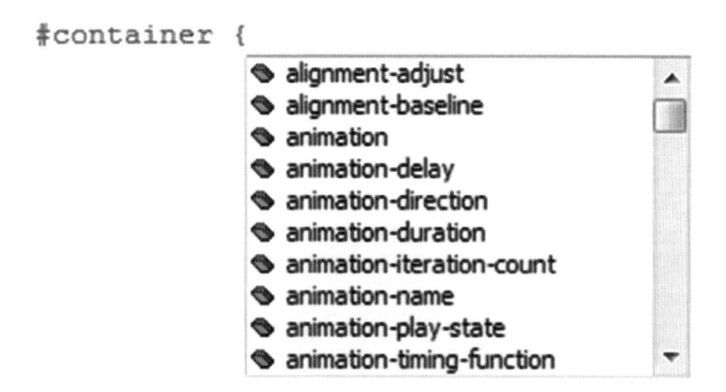

Figura 66

5. Finalize o código como indicado a seguir:

```
#container {
    width:990px;
    height:1250px;
}
```

Observe que indicamos duas propriedades para o seletor *container*: *width* e *height*.

- **width**: propriedade utilizada para indicar a largura da *div*.
- **height**: propriedade utilizada para indicar a altura da *div*.

Veja que estamos indicando para o *div container* a largura e altura total do site, conforme Figura 10.

Vamos salvar e vincular o arquivo **index.php** a este arquivo de estilos.

6. Pressione as teclas Ctrl + S para salvar este arquivo.

Criaremos uma pasta com o nome de **css** dentro da pasta **imobiliaria**.

7. Clique no botão "Criar nova pasta" (Figura 67).

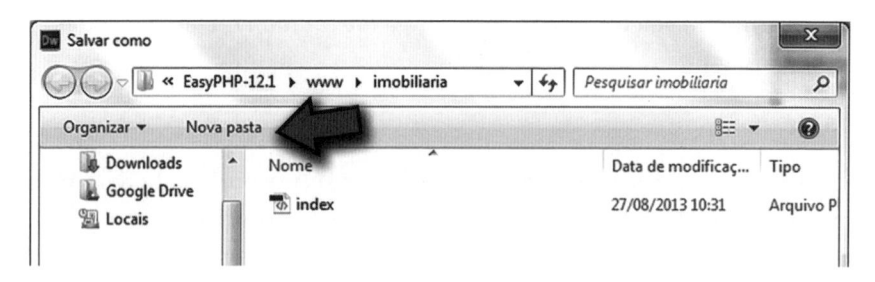

Figura 67

8. Digite o nome **css** para esta nova pasta.

9. Abra a pasta **css** e digite o nome **estilo.css** para este arquivo (Figura 68).

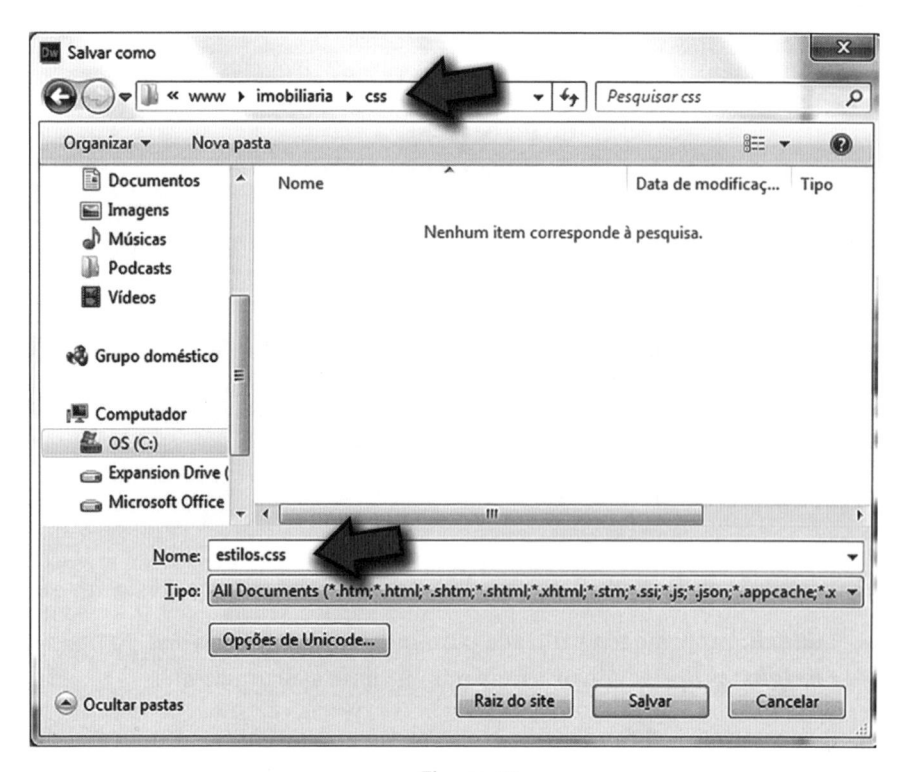

Figura 68

10. Clique no botão "Salvar".

Vamos vincular o arquivo **estilo.css** ao arquivo **index.php**.

11. Clique na guia do arquivo **index.php** para que seja exibido o seu conteúdo (Figura 69).

Figura 69

12. Clique no botão (+) do painel "CSS Designer" (Figura 70).

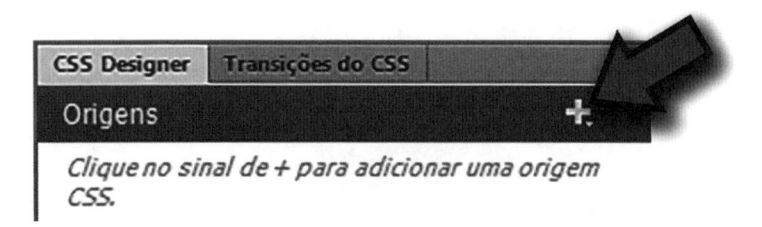

Figura 70

13. Selecione a opção "Anexar arquivo CSS existente" (Figura 71).

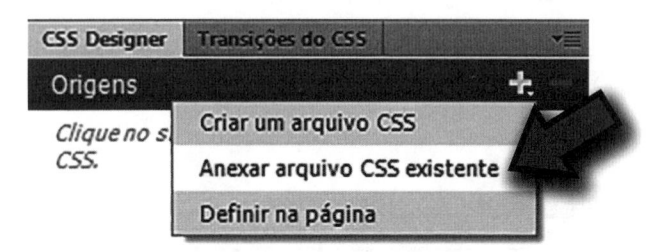

Figura 71

14. Quando a nova janela for exibida, dê um clique no botão "Procurar..." para selecionarmos o arquivo de estilo (Figura 72).

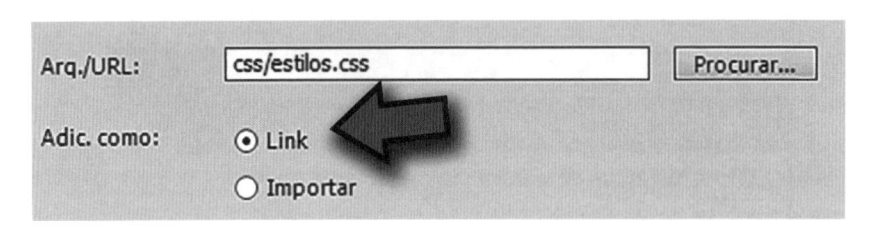

Figura 72

15. Dê um clique duplo na pasta **css** para abri-la.
16. Selecione arquivo **estilo.css**.
17. Clique no botão "OK".
18. Certifique-se de que a opção "Link" esteja selecionada (Figura 73).

Figura 73

19. Clique no botão "OK".
20. Clique no botão "Código" (Figura 57).

Observe que uma nova linha de código vinculando o arquivo **estilo.css** foi inserida no código HTML (Figura 74).

```
4   <meta charset="utf-8">
5   <title>Documento sem título</title>
6   <link href="css/estilos.css" rel="stylesheet" type="text/css">
7   </head>
```

Figura 74

21. Clique no botão "Design", conforme Figura 60.

Observe que o tamanho do *div container* foi alterado (Figura 75).

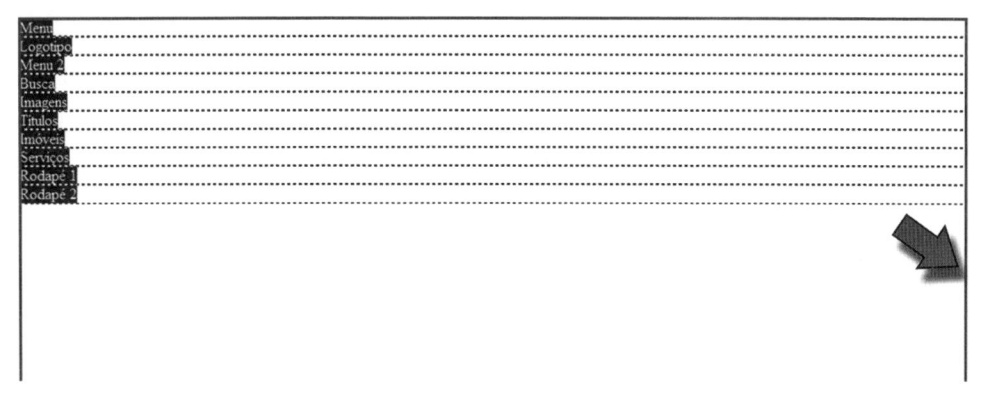

Figura 75

22. O próximo passo é posicionar e indicar o tamanho da *div* logotipo. No arquivo **estilo.css** digite o código indicado a seguir, logo após a definição da *div container* (Figura 76).

```css
#logotipo {
    width:300px;
    height:164px;
    float:left;
}
```

```css
4   #container {
5       width:990px;
6       height:1250px;
7   }
8
9   #logotipo {
10      width:300px;
11      height:164px;
12      float:left;
13  }
14
```

Figura 76

Lembre-se de que estamos utilizando os tamanhos das propriedades *width* e *height*, que ficaram definidas na estrutura de *wireframes* (Figura 11).

Observe que indicamos para a *div* logotipo uma nova propriedade: *float*. A propriedade *float* define a posição do box. Seus valores possíveis são: *left* (esquerda), *right* (direita) e *none* (nenhum).

Observe pela Figura 77 que a *div* logotipo deve estar posicionada à esquerda das *divs* menu e menu2.

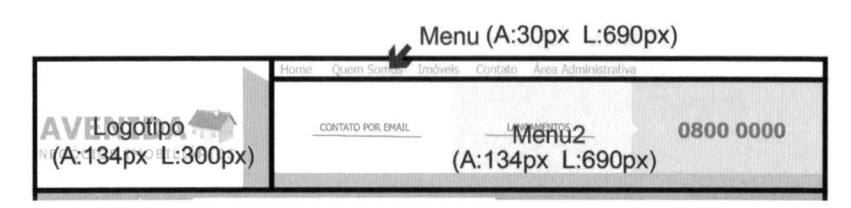

Figura 77

Vamos criar as definições da *div* menu e menu2.

23. Digite o código CSS a seguir:

```
#menu {
     width:690px;
     height:30px;
     background-color:#FFF;
     float:right;
}

#menu2 {
     width:690px;
     height:134px;
     background-color:#FFF;
     float:right;
}
```

Observe que em algumas *divs* a propriedade *background-color* foi utilizada. Ela é usada para preencher o fundo de um box com uma determinada cor. O valor da cor a ser utilizada pode ser indicado de três maneiras:

- **Valor hexadecimal:** #ff0000
- **Valor em RGB:** rgb(255,0,0)
- **Nome da cor (em inglês):** *red*, *black*.

Consulte o link a seguir para visualizar uma tabela com todas as cores que podem ser utilizadas nas suas três maneiras de definição:

http://www.w3schools.com/html/html_colors.asp

24. Pressione as teclas Ctrl + S para salvar as alterações.

25. Clique na guia do arquivo **index.php** (Figura 69) e veja o resultado da formatação CSS (Figura 78).

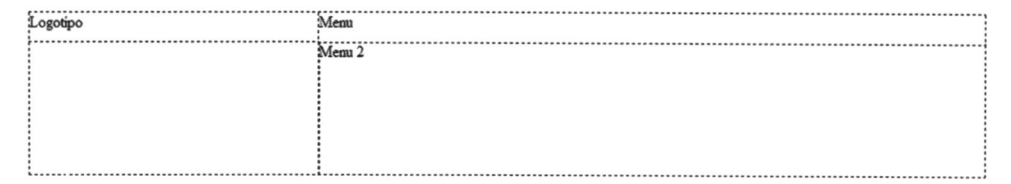

Figura 78

Observe que as *divs* logotipo, menu e menu2 estão posicionadas dentro da *div* container, como foi definido no layout.

26. Vamos definir as propriedades da *div* busca. Digite o código CSS a seguir no arquivo **estilo.css**.

```
#busca {
    width:990px;
    height:46px;
    background-color:#02817b;
    clear:both;
}
```

Observe que na definição desta *div* utilizamos uma nova propriedade (*clear*) que, juntamente com o valor *both*, indica que essa *div* não terá objetos a sua esquerda e nem a sua direita, posicionando a *div* busca abaixo da *div* anterior (menu2). Utilizaremos esta propriedade em todas as *divs* que possuírem a largura total do site (990 px).

27. Para finalizar, vamos criar as propriedades das demais *divs*. Digite o código a seguir:

```css
#imagens {
      width:990px;
      height:205px;
      background-color:#01a19a;
      clear:both;
}

#titulos {
      width:990px;
      height:30px;
      background-color:#ffd200;
      clear:both;
}

#imoveis {
      width:715px;
      height:575px;
      background-color:#dcdcdc;
      float:left;
}

#servicos {
      width:275px;
      height:575px;
      background-color:#dfdede;
      float:right;
}

#rodape1 {
      width:990px;
      height:35px;
      background-color:#01a19a;
      clear:both;
}

#rodape2 {
      width:990px;
      height:95px;
      background-color:#ffd200;
      clear:both;
}
```

28. Pressione as teclas Ctrl + S para salvar as alterações no arquivo.

29. Vamos visualizar o arquivo diretamente no browser. Clique no menu arquivo e aponte para "Visualizar no navegador". Posteriormente selecione o browser desejado para a visualização do site – neste exemplo, utilizaremos o Google Chrome.

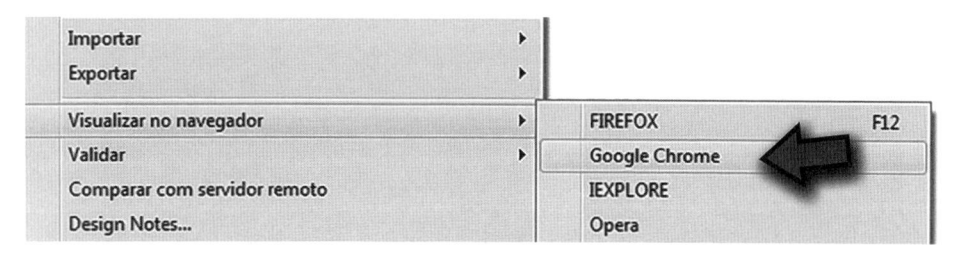

Figura 79

Observe que as *divs* estão corretamente posicionadas dentro da *div container*, mas a *div container* não está centralizada no browser.

30. Clique na guia do arquivo **index.php** (Figura 69) para visualizar o posicionamento das *divs*.

Iremos agora posicionar o *div container* ao centro do browser – assim, as demais *divs* acompanharão o *div container*. No arquivo **estilo.css** adicionaremos as propriedades *margin-left* e *margin-right* com o valor *auto*. Utilizando essa configuração a *div container* será centralizada no browser.

31. Altere as propriedades do *div container* no arquivo **estilo.css** como indicado a seguir:

```
#container {
     width:990px;
     height:1150px;
     margin-left:auto;
     margin-right:auto;
}
```

32. Pressione as teclas Ctrl + S para salvar as alterações no arquivo.

33. Clique na guia do arquivo **index.php** (Figura 69).

34. Para visualizar o site diretamente no browser, pressione a tecla F12.

Observe que o site está centralizado no browser, e as *divs* devidamente posicionadas dentro da *div container*:

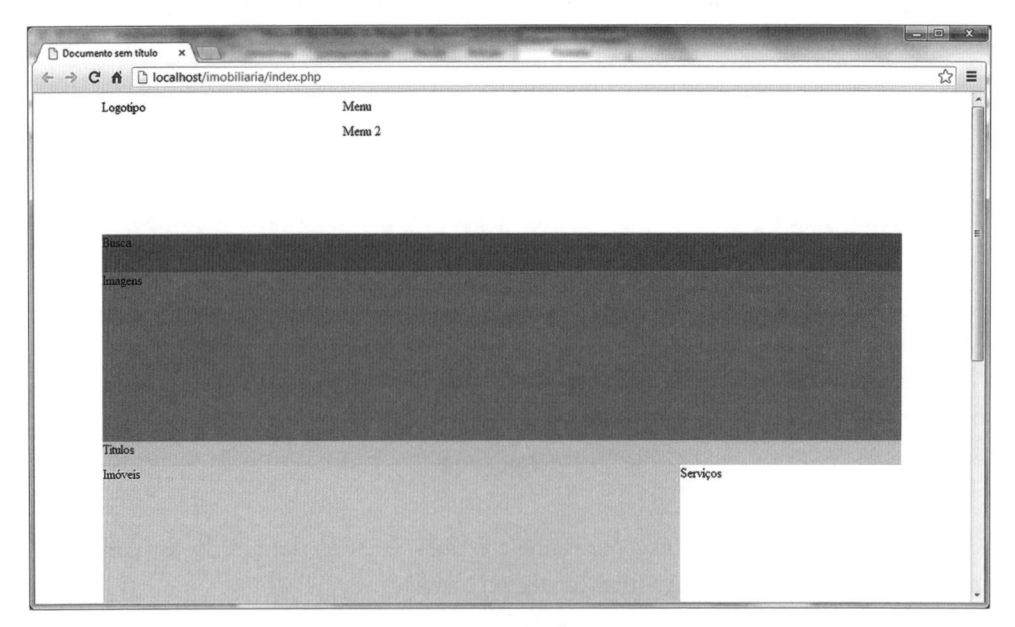

Figura 80

3.4. Criando um efeito gradiente com uma propriedade CSS3

CSS3 é a mais nova versão das páginas de estilo. Nesta versão novos recursos foram implementados como: efeitos de transição, efeitos em imagem, efeitos gradiente, etc. O CSS3 ainda não é um padrão W3C, mas todos os principais navegadores modernos como Internet Explorer 9, Firefox 7.0, Opera 11, Safari 5.1, Chrome 14 e posteriores já estão aptos a executar muitos dos novos recursos. Caso você queira utilizar as funcionalidades do CSS3 em browsers mais antigos, é necessário a utilização de prefixos proprietários para o seu funcionamento, tais como: **-moz**, para Firefox; **-webkit**, para o Chrome; e **-o-** e **-ms-**, para Opera e Intenet Explorer. Para uma consulta sobre compatibilidade de recursos CSS3 em várias versões de browsers acesse o link a seguir:

http://www.w3schools.com/cssref/css3_browsersupport.asp

Utilizaremos um novo recurso do CSS3 para criação de um gradiente. Gradiente é uma imagem formada da transição de uma cor para outra de forma gradual e suave.

Observe no layout do site (Figura 5) que o fundo do site é preenchido com um gradiente iniciado na cor branca e finalizado na cor preta.

Para criar um gradiente linear deve-se indicar uma direção e as cores que serão utilizadas na transição. Veja os exemplos de sua utilização:

```
body {
      background-image:linear-gradient(90deg, #000,
#ffffff);
}
```

Neste exemplo será aplicado ao fundo do site um gradiente de 90° de inclinação começando na cor branca e finalizando na cor preta (Figura 81).

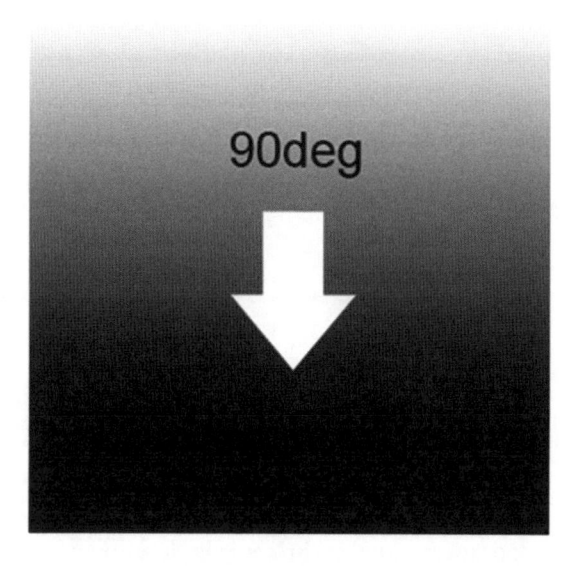

Figura 81

Até o lançamento deste livro, os navegadores não apresentavam suporte para a propriedade *linear-gradient*, necessitando prefixos proprietários para o seu funcionamento.

Segue a sintaxe de utilização dos prefixos proprietários para serem utilizados no Mozilla Firefox e no Google Chrome:

```
body {
background-image: -moz-linear-gradient(45deg, blue, white);
background-image: -webkit-linear-gradient(45deg, blue,
white);
}
```

1. No arquivo **estilo.css** digite o código a seguir para alterar as propriedades do seletor *body*:

```
body {
background-image:linear-gradient(90deg, #000, #ffffff);
background-image: -moz-linear-gradient(90deg, #000,
#ffffff);
background-image: -webkit-linear-gradient(90deg, #000,
#ffffff);
}
```

2. Pressione Ctrl + S para salvar as alterações no arquivo.
3. Teste o funcionamento das alterações no arquivo diretamente no browser. Observe que o efeito gradiente será aplicado ao fundo do site:

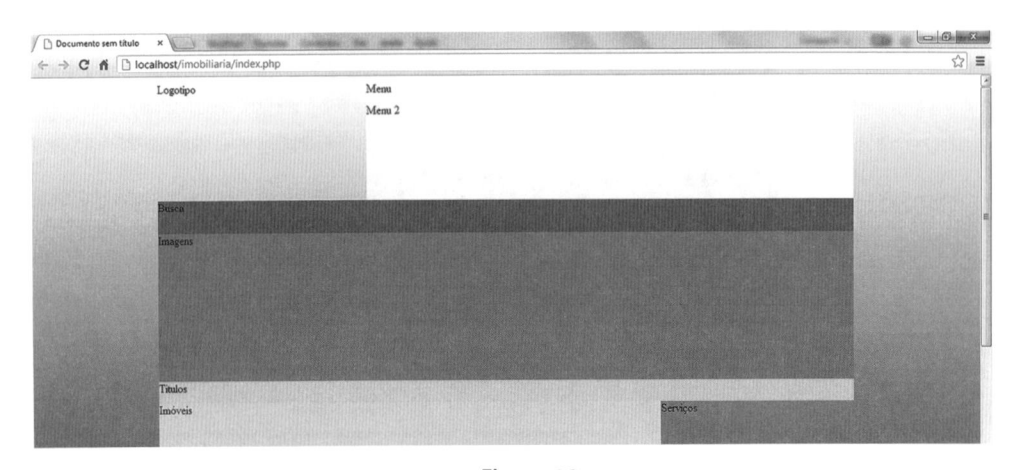

Figura 82

Capítulo 4

Trabalhando com Mídias

Neste capítulo serão abordadas as formas de inserir imagens e animações no website utilizando HTML e CSS.

1. Para realizar o conteúdo da prática deste capítulo, baixe o arquivo **livro_dreamweavercc.zip** pelo endereço a seguir:
   www.denilsonbonatti.com.br/livros/livro_dreamweavercc.zip

2. Descompacte o conteúdo deste arquivo dentro da pasta de trabalho do site. Observe que quatro novas pastas serão criadas. Utilizaremos inicialmente as pastas **flash**, **imgs** e **upload**. A pasta **adm** será utilizada nos capítulos finais do curso, quando estaremos desenvolvendo a área administrativa do site.

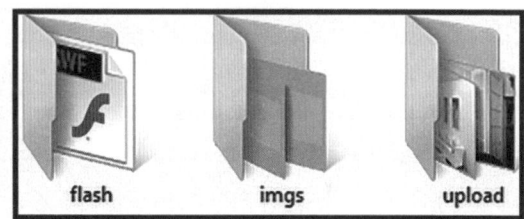

Figura 83

Vamos conhecer as formas de exibir as imagens em uma *div*. Começaremos pela *div* logotipo.

Nesta *div* será inserida a imagem pelo código HTML.

3. Dê um clique no final do texto da *div* para posicionar o cursor (Figura 84).

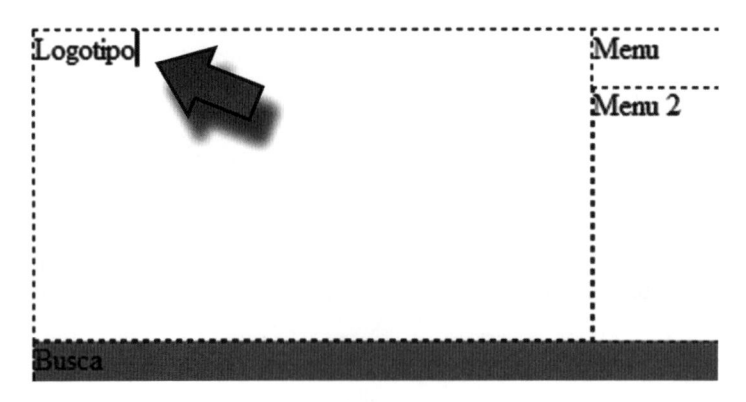

Figura 84

4. Utilize a tecla Backspace para excluir o texto.

4.1. Exibindo imagens pela *tag* <img>

A *tag* <img> exibe uma imagem em uma página HTML. As imagens não são tecnicamente inseridas em uma página HTML – imagens são ligadas às páginas HTML. A *tag* <img> cria um espaço de exibição para a imagem referenciada.

Utilizando o Dreamweaver essa referência pode ser feita automaticamente.

1. Clique no menu "Inserir", aponte para a opção "Imagem" e clique em "Imagem" (Figura 85).

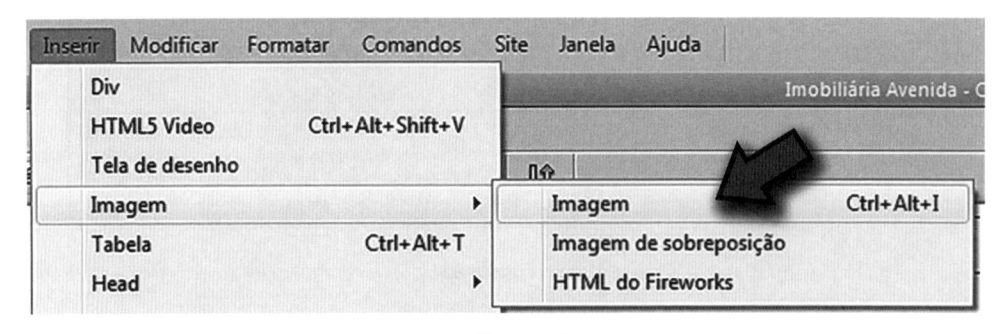

Figura 85

2. Dê um clique duplo sobre a pasta **imgs** para que seja exibido o seu conteúdo.
3. Selecione o arquivo **logotipo.png**.
4. Clique no botão "OK".

Observe que a imagem foi inserida.

5. Clique no botão "Código" para que seja exibido o código HTML do website (Figura 57).

Observe que a imagem foi inserida pela *tag* <img> dentro da *div* logotipo (Figura 86).

```
<div id="container">
<div id="menu">Menu </div>
<div id="logotipo"><img src="imgs/logotipo.png" width="300" height="164" alt=
"Avenida Negócios Imobiliários " /></div>
<div id="menu2">Menu 2</div>
<div id="busca">Busca</div>
```

Figura 86

4.2. Exibindo uma imagem pela propriedade *background-image* (CSS)

Em alguns casos, a melhor forma de exibição de uma imagem é como fundo de uma *div*. Exibindo a imagem como fundo é possível inserir novos elementos sobre a imagem. Este será o caso da imagem da *div* menu2. Observe pela Figura 87 que, posteriormente, serão criados links sobre a imagem:

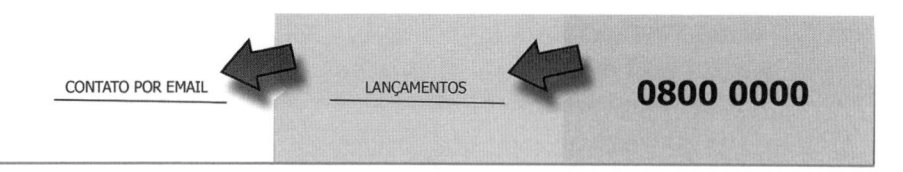

Figura 87

1. Apague o texto da *div* menu2 (Figura 88).

```
<div id="container">
<div id="menu">Men      v>
<div id="logotipo      ng src="imgs
<div id="menu2">/div>
<div id="busca">Busca</div>
<div id="imagens">Imagens</div>
```

Figura 88

2. No arquivo **estilo.css** insira a propriedade *background-image* na definição da *div* menu2 e clique sobre a opção "Procurar...", como indicado na Figura 89.

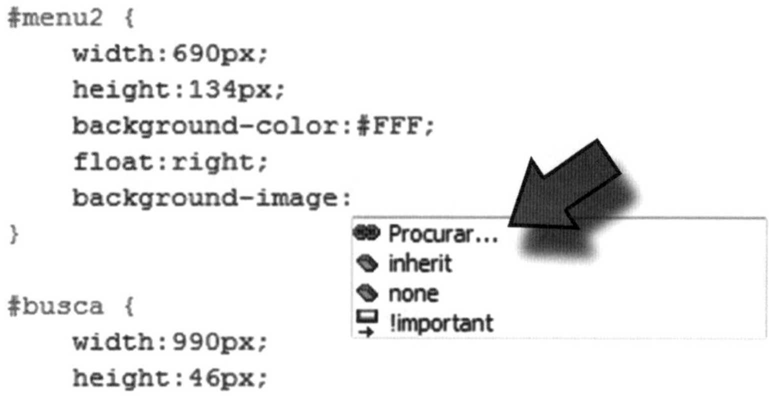

```
#menu2 {
    width:690px;
    height:134px;
    background-color:#FFF;
    float:right;
    background-image:
}

                        Procurar...
                        inherit
#busca {                none
    width:990px;        !important
    height:46px;
```

Figura 89

3. Selecione o arquivo **fundo_menu2.png** da pasta **imgs**.

Observe que o caminho da imagem será indicado na propriedade *background--image* (Figura 90).

```
#menu2 {
    width:690px;
    height:134px;
    background-color:#FFF;
    float:right;
    background-image:url(../imgs/fundo_menu2.png)
}
```

Figura 90

4. Pressione as teclas Ctrl + S para salvar as alterações no arquivo.
5. No arquivo **index.php** observe que a imagem **fundo_menu2.png** é exibida como fundo da *div* menu2.

Esse mesmo processo será realizado com as *divs* busca e títulos.

6. No arquivo **estilo.css** insira a propriedade *background-image*, como indicado no código a seguir:

```
#busca {
    width:990px;
    height:46px;
    background-color:#02817b;
    clear:both;
    background-image:url(../imgs/fundo_busca.png);
}
#titulos {
    width:990px;
    height:30px;
    background-color:#ffd200;
    clear:both;
    background-image:url(../imgs/fundo_titulos.png);
}
```

7. Salve as alterações no arquivo **estilo.css** e teste o site. Observe que as imagens foram exibidas nas *divs* especificadas.

4.3. Criando uma classe CSS

Para se criar um seletor classe, deve-se utilizar o ponto (.) seguido do nome da classe que se deseja criar. O seletor classe pode ser aplicado a diversos elementos.

1. No arquivo **estilo.css** digite o seguinte código:

```
.centralizar {
    margin-top:10px;
    margin-left:auto;
    margin-right:auto;
    display:block;
}
```

A propriedade *margin-top* será utilizada para criar uma margem superior de 10 px; desta forma, as imagens terão uma distância entre si como especificado no layout criado (Figura 91).

Figura 91

A declaração *display: block* faz com que o elemento HTML seja renderizado como bloco, juntamente com as propriedades *margin-left* e *margin-right*, definidas como *auto*. As imagem ficarão centralizadas na *div*.

Vamos inserir as imagens pelo código HTML:

1. No arquivo **index.php**, no modo design, apague o texto da *div* serviços (Figura 92).

Figura 92

O próximo passo é inserir as imagens.

2. Pressione as teclas Ctrl + Alt + I para inserir uma imagem.
3. Selecione a imagem **simulador.png** da pasta **imgs**.
4. Digite o texto "Simulador de empréstimo" como texto alternativo.
5. Clique no botão "OK".

Observe que a imagem foi inserida.

Vamos selecionar a classe que será utilizada para alinhar a imagem.

6. No painel de propriedades, clique sobre a guia de seleção do item "Class", como indicado na Figura 93.

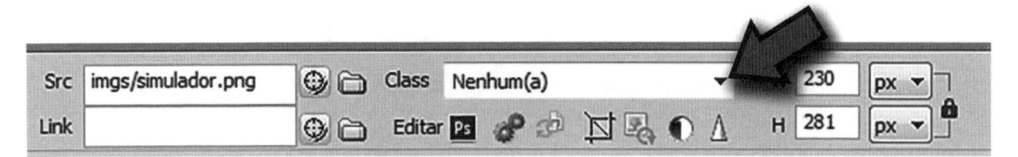

Figura 93

7. Selecione a classe "Centralizar".

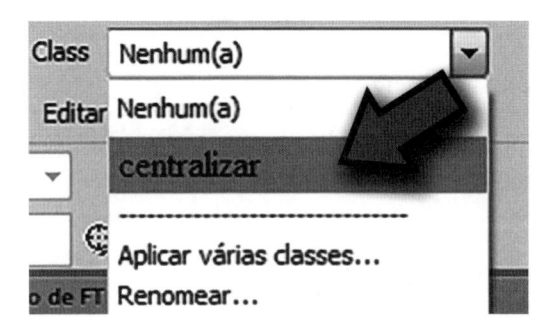

Figura 94

Observe que a imagem será centralizada na *div*.

Figura 95

Vamos inserir a próxima imagem.

8. Pressione as teclas Ctrl + Alt + I para inserir uma imagem.
9. Selecione a imagem **ligacao.png** da pasta **imgs**.
10. Clique no botão "OK".

Observe que a imagem foi inserida.

O próximo passo é selecionar a classe que será utilizada para alinhar a imagem.

11. No painel de propriedades clique sobre a guia de seleção do item "Class", como indicado na Figura 93.
12. Selecione a classe "Centralizar".
13. Observe no código HTML que a classe centralizar é vinculada à imagem pela propriedade *class*:

```
<img src="imgs/simulador.png" alt="Simulador de Empréstimo"
width="230" height="281" class="centralizar" />
<img src="imgs/ligacao.png" alt="Ligação Gratuita" width="230"
height="266" class="centralizar" />
```

Agora vamos inserir uma imagem na *div* rodape2.

14. Apague o texto da *div* rodape2 e pressione as teclas Ctrl + Alt + I para inserir uma imagem.
15. Selecione a imagem **comunidades.png** da pasta "imgs".
16. Clique no botão "OK".
17. No arquivo **estilo.css** crie uma classe com o nome de **.direita** utilizando o código a seguir:

```
.direita {
    display:block;
    float:right;
    margin-right:15px;
    margin-top:15px;
}
```

18. No arquivo **index.php**, no modo design, clique sobre a imagem inserida e vincule a classe **direita** a esta imagem (Figura 96).

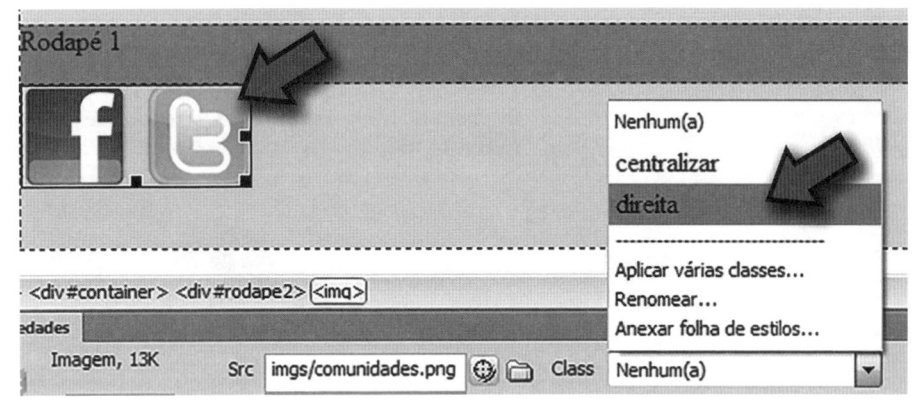

Figura 96

4.4. Inserindo uma animação do tipo Flash (SWF)

Animações do tipo Flash são arquivos com a extensão .swf que são produzidos a partir do programa Adobe Flash. Para que uma animação Flash seja exibida pelo navegador, é necessário ter o plug-in Adobe Flash Player instalado . Isso não necessariamente é um problema, pois quase a totalidade dos browsers possui o plug-in, e browsers como o Google Chrome estão diretamente integrados ao Flash Player. As atualizações disponíveis para o Adobe Flash Player são automaticamente incluídas nas atualizações de sistema do Google Chrome.

Por outro lado, as animações Flash não podem ser exibidas na maioria dos dispositivos móveis como smartphones e tablets, principalmente iPhones e iPads, que não oferecem o plug-in para Flash.

Iremos inserir uma animação Flash na *div* imagens.

1. Apague o texto na *div* imagens (Figura 97).

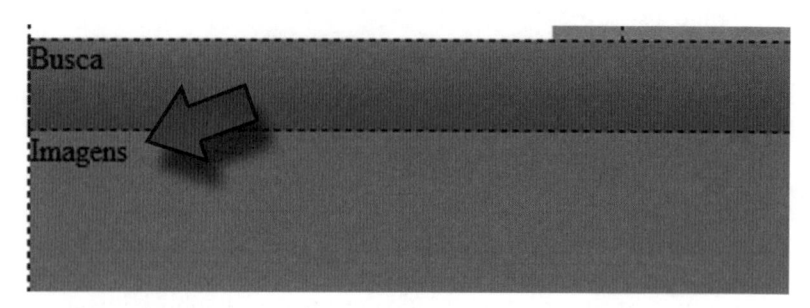

Figura 97

2. Dê um clique no menu "Inserir", aponte para "Mídia" e selecione a opção "Flash SWF" (Figura 98).

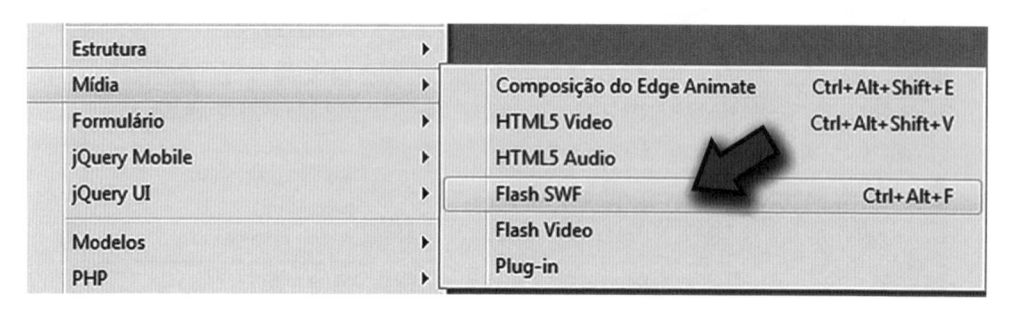

Figura 98

3. Dê um clique duplo na pasta **flash**, para abrir o seu conteúdo.
4. Selecione o arquivo **banner.swf**.
5. Clique no botão "OK".

Observe que uma nova janela será exibida.

Nessa janela vamos atribuir um título para a animação que será inserida. Vamos chamá-la de **Banner**.

6. Digite **Banner** na caixa de texto do item "Título", como indicado na Figura 99.

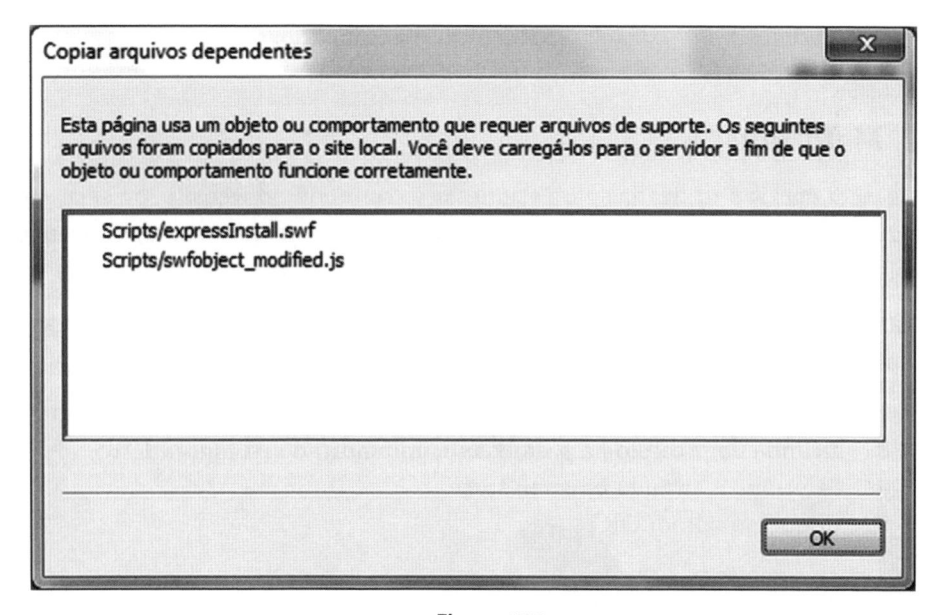

Figura 99

7. Clique no botão "OK".

Observe que a animação Flash foi inserida na *div*.

8. Pressione as teclas Ctrl + S para salvar o arquivo.

Observe que uma nova janela será exibida (Figura 100). Como inserimos um arquivo SWF nesta página, alguns arquivos de suporte serão criados automaticamente para o funcionamento correto da animação.

Figura 100

9. Clique no botão "OK".
10. Pressione a tecla F12 para visualizar o site. Observe que a animação será exibida na *div* imagens.

Capítulo 5

Técnicas de SEO

Com as principais imagens inseridas na página Home, iremos para uma próxima etapa no desenvolvimento do website, que é deixar o código HTML desta página mais visível aos mecanismos de busca.

Uma das formas de otimizar a localização do site pelas ferramentas de busca como o Google, Yahoo, entre outras, é utilizar práticas conhecidas como SEO (*Search Engine Optimization*). Uma dessas técnicas é a utilização das *meta tags*.

5.1. Meta tags

As *meta tags* são utilizadas para etiquetar o conteúdo do website, ou seja, mostrar para as páginas de busca qual é o conteúdo do website. As *meta tags* devem ser inseridas dentro do código HTML da página, entre as *tags* <head> e </head>.

Vamos inserir na prática as *meta tags* em nosso site em desenvolvimento antes de dar continuidade ao seu layout.

1. No modo "Código" de visualização, posicione o ponteiro do mouse no final da linha de código da *tag* <meta>, como indicado na Figura 101.

```
3   <head>
4   <meta charset="utf-8">
5   <title>Documento sem título</title>
6   <link href="css/estilos.css" rel="stylesheet" type="text/css">
7   <script src="Scripts/swfobject_modified.js" type="text/javascript"></script>
8   </head>
```

Figura 101

2. Pressione a tecla Enter para abrir uma nova linha no código HTML.

3. Clique na guia de seleção no painel "Inserir" (Figura 102).

Figura 102

4. Selecione a opção "Comum".

Figura 103

5. Clique sobre a guia de seleção do item "Head", como indicado na Figura 104.

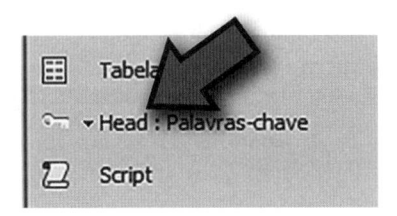

Figura 104

6. Clique na opção "Meta".

Figura 105

Observe que uma nova janela será exibida.

Indicaremos nesta *meta tag* a propriedade que irá liberar as páginas de busca para encontrar qualquer conteúdo do website. Esse comportamento é ativado pela propriedade *robots*.

7. Clique na guia de seleção do item "Atributo" e selecione "Nome" (Figura 106).

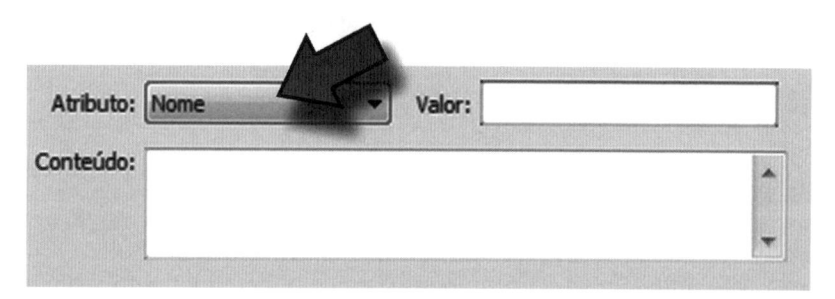

Figura 106

8. Clique na caixa do item "Valor" e digite **robots** (Figura 107).

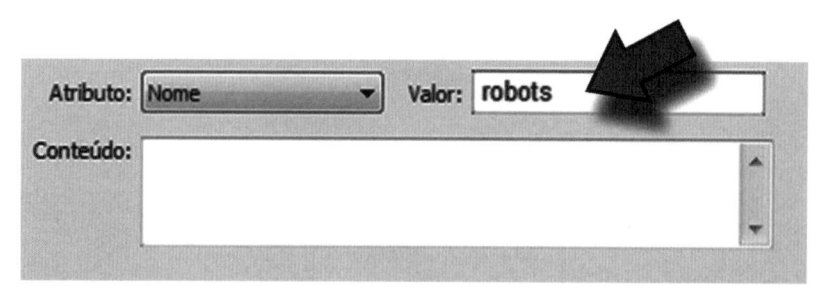

Figura 107

9. Clique na caixa do item "Conteúdo" e digite **all** (Figura 108).

Figura 108

10. Clique no botão "OK".

Observe que a nova *meta tag* foi inserida no código (Figura 109).

```
4   <meta charset="utf-8">
5   <meta name="robots" content="all">
6   <title>Documento sem título</title>
7   <link href="css/estilos.css" rel="stylesheet" type="text/css">
```

Figura 109

5.1.1. Palavras-chave

O próximo passo é inserir as *meta tags* que indicarão quais serão as palavras-chave de busca (*keywords*) do site. Como nosso projeto é de uma imobiliária, indicaremos o máximo de palavras-chave que possam remeter a esse tema e os produtos e serviços oferecidos pela empresa.

1. Clique na guia de seleção do item "Head" no painel "Comum" e selecione a opção "Palavras-chave":

Figura 110

2. Digite as palavras-chave separadas por vírgula: imobiliária, empreendimentos, imobiliário, compra, venda, casa, apartamento, comercial, são paulo (Figura 111).

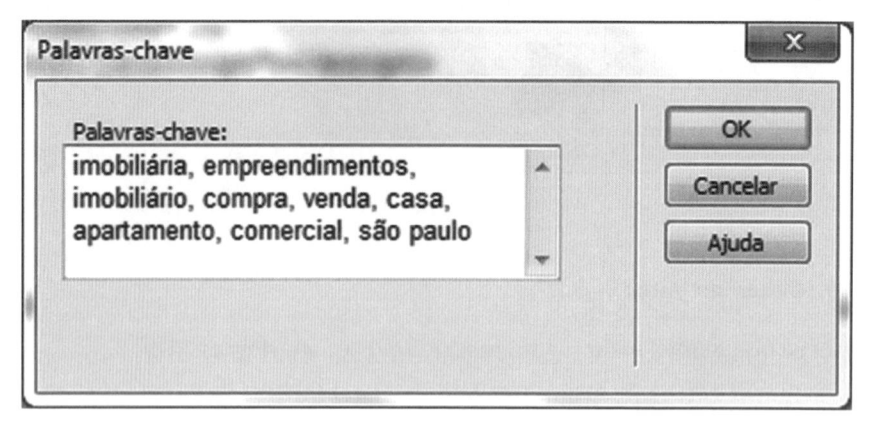

Figura 111

3. Clique no botão "OK".

Observe que a nova *meta tag* foi inserida no código HTML.

5.1.2. Descrição

O próximo passo é inserir a *meta tag* que indicará ao site de busca qual é a descrição do website. A descrição do website é exibida abaixo do link do site na busca. Veja o exemplo na Figura 112.

Imóveis, casas e apartamentos na Lopes, a maior **imobiliária** do Brasil.
www.lopes.com.br/
Quer comprar ou vender imóveis ? Encontre agora mesmo ofertas imperdíveis de casas
e apartamentos em todo o Brasil. Os melhores imóveis estão na Lopes.

Lupa **Imobiliária**
www.grupolupa.com.br/
HOME · QUEM SOMOS · IMOVEIS EM DESTAQUE · CONTATO. Escolha o Bairro,
A.E. Carvalho, Aclimação, Água Branca, Água Fria, Agua Rasa, Almenara ...

Imobiliária Cilar - Imóveis | Vendas | Aluguel
www.cilar.com.br/
Imobiliária Cilar onde você encontra tudo sobre imóveis em Curitiba e Região, vendas,
locação e financiamentos. O grande desafio de aliar confiabilidade e ...

Figura 112

1. Clique na guia de seleção do item "Head", no painel "Comum", e selecione a opção "Descrição" (Figura 113).

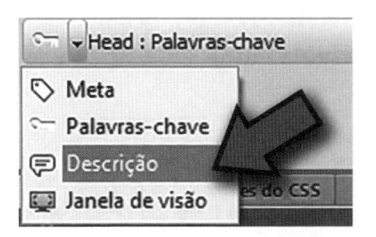

Figura 113

Vamos indicar a descrição do website.

2. Digite na caixa "Descrição": **Imobiliária Avenida, compramos e vendemos imóveis. O seu novo imóvel está aqui. Garantia de um ótimo negócio.** (Figura 114).

Figura 114

3. Clique no botão "OK".

Observe que uma nova *meta tag* foi inserida.

Vamos indicar o título desta página. Sempre coloque um título que faça sentido com o conteúdo do website.

4. Clique na caixa do item "Título", na barra de ferramentas do documento, e digite **Imobiliária Avenida – Compra e venda de imóveis.**

Figura 115

Observe que a *tag* <title> foi alterada no código HTML.

5.2. Favicon

Favicon ou "favorite icon" são pequenas figuras (ícones) que definem um logo a ser apresentado ao lado da URL do site no navegador ou em alguns navegadores na guia de exibição da página (Figura 116).

Figura 116

O *favicon*, além de ajudar o usuário a identificar os sites quando são exibidos, facilita a localização dos sites armazenados na opção favoritos do browser.

A imagem utilizada como *favicon* pode ter o tamanho de 16 x 16 px, 32 x 32 px, 64 x 64px ou 128 x 128 px, e ter as extensões .ico, .gif, .png ou .bmp.

Dentro da pasta **imgs** está um arquivo do tipo PNG no tamanho de 64 x 64 px, que iremos utilizar como *favicon*.

1. Digite abaixo da última *meta tag* a linha de código a seguir:

```
<link href="imgs/favicon.png" rel="shortcut icon" "image/
png"/>
```

2. Pressione as teclas Ctrl + S para salvar as alterações no arquivo.
3. Pressione a tecla F12 para testar o site.

Observe que o *favicon* foi exibido na guia da página juntamente com o título (Figura 117).

Figura 117

Capítulo 6

Criando um Menu CSS

Nesta etapa do desenvolvimento criaremos um menu baseado no layout apresentado no capítulo 1 (Figura 5) com técnicas de formatação CSS. Utilizaremos uma técnica bastante simples, que consiste em enclausurar os links dentro uma *div* onde indicaremos o comportamento do menu pelo código CSS.

Para isso, criaremos uma classe com a formatação padrão do menu e outra para quando o ponteiro do mouse estiver sobre o menu.

1. Clique no botão "Código" para visualizar o código HTML do website.
2. Apague o texto da *div* menu (Figura 118).

```
<div id="container">
<div id="menu">Menu </div>
<div id="logotipo"><img src="ir
<div id="menu2"></div>
<div id="busca">Busca</div>
```

Figura 118

3. Digite o código a seguir:

```
<div id="PosMenu">
<a href="index.php"> Home </a>
<a href="quemsomos.php"> Quem Somos </a>
<a href="imoveis.php"> Imóveis </a>
<a href="contato.html"> Contato </a>
<a href="adm/index.php"> Área Administrativa </a>
</div>
```

Este código criará os links para as páginas principais do website. Certifique-se de que você digitou o código entre as *tags* <div id="menu"> e </div> (Figura 119).

```
<div id="container">
<div id="menu">
<div id="PosMenu">
<a href="index.php"> Home </a>
<a href="quemsomos.php"> Quem Somos </a>
<a href="imoveis.php"> Imóveis </a>
<a href="contato.html"> Contato </a>
<a href="adm/index.php"> Área Administrativa </a>
</div>
</div>
```

Figura 119

4. Pressione as teclas Ctrl + S para salvar as alterações e clique no botão "Design" para visualizar o layout do site.

Observe que os links foram criados, mas ainda utilizam a formatação padrão de links (Figura 120).

Home Quem Somos Imóveis Contato Área Administrativa

Figura 120

Vamos criar o código CSS que irá formatá-los.

5. No arquivo **estilo.css** digite o seguinte código:

```
#PosMenu {
     margin-top:3px;
}
.BarraMenu a {
     font-family:Arial;
     font-size:15px;
     color:#000;
     text-decoration: none;
     padding:10px;
}

.BarraMenu a:hover {
     color:#FFF;
     background: #01a19a;
     text-decoration: none;
}
```

No código anterior criamos a formatação para a *div* PosMenu, que irá incorporar os links que serão formatados pela classe *BarraMenu*. Na classe *BarraMenu* indicamos para o seletor **a** (link) a fonte "Arial", no tamanho de 15 px, na cor preta (#000), sem a utilização de sublinhado (*text-decoration: none*), com espaçamento de 5 px entre os menus (*padding: 5 px*).

Quando o mouse estiver sobre os menus (*.BarraMenu a:hover*) a formatação será alterada para: cor da fonte branca (#FFF) e o fundo para a cor #01a19a.

6. Pressione as teclas Ctrl + S para salvar as alterações.
7. Dê um clique no botão "Código-fonte" (Figura 121), para que seja exibido o código HTML do site.

Figura 121

Vamos indicar a classe que será utilizada na *div* PosMenu.

8. Altere o código de <div id="PosMenu"> para <div id="PosMenu" class="BarraMenu">, como indicado na Figura 122.

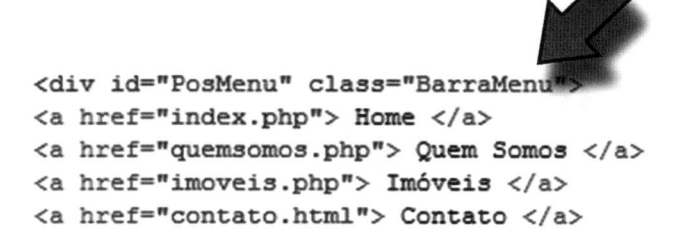

```
<div id="PosMenu" class="BarraMenu">
<a href="index.php"> Home </a>
<a href="quemsomos.php"> Quem Somos </a>
<a href="imoveis.php"> Imóveis </a>
<a href="contato.html"> Contato </a>
```

Figura 122

9. Pressione as teclas Ctrl + S para salvar as alterações.
10. Pressione a tecla F12 para testar o site diretamente no browser.

Observe que agora a formatação dos links está vinculada à classe CSS criada.

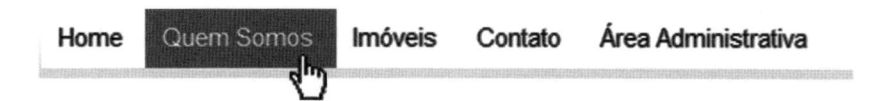

Figura 123

11. Para que a formatação do menu fique a mais fiel possível ao layout defini-do na Figura 5, retire a propriedade *background-color* do código CSS da *div* menu. Isso fará com que a *div* fique transparente, revelando a cor gradien-te utilizada no fundo.

```
#menu {
    width:690px;
    height:30px;
    float:right;
}
```

Capítulo 7

Finalizando o Layout da Página Home

Neste capítulo será finalizado o layout da página Home. Formataremos e posicionaremos os demais elementos que serão exibidos na página.

Iniciaremos criando os links que serão exibidos na *div* menu2. Nestes links será utilizada a mesma classe usada para o menu (BarraMenu). Para indicar o posicionamento dos links serão criadas duas novas *divs*. Utilizaremos para as duas novas *divs* a seguinte configuração (Figura 124).

Figura 124

1. Posicione o cursor entre as *tags* <div id="menu2"> e </div> (Figura 125).

Figura 125

2. Pressione a tecla Enter e digite o código a seguir:

```
<div id="PosMenu2_A" class="BarraMenu">
<a href="contato.php">Contato por E-mail </a></div>
<div id="PosMenu2_B" class="BarraMenu">
<a href="lancamentos.php">Lançamentos </a></div>
```

Observe que foi utilizada a classe BarraMenu para as *divs* PosMenu2_A e PosMenu2_B. O próximo passo é criar a configuração das *divs* no código CSS.

3. No arquivo **estilo.css** digite o seguinte código:

```
#PosMenu2_A {
    margin-top:55px;
    text-align:center;
    width:225px;
    float:left;
}
#PosMenu2_B {
    margin-top: 55px;
    width: 225px;
    text-align:center;
    float: left;
}
```

Observe que neste caso as duas *divs* foram posicionadas à esquerda pelo atributo *left* da propriedade *float*. Foi utilizada essa configuração porque com a soma das larguras das *divs* PosMenu2_A e PosMenu2_B não se obtém a largura total da *div* menu2. Caso se usasse o valor *right* para propriedade *float* na *div* PosMenu2_B, a *div* ficaria posicionada da seguinte forma:

PosMenu2_A   PosMenu2_B

Contato por E-mail   Lançamentos

Figura 126

4. Pressione as teclas Ctrl + S para salvar as alterações.
5. Dê um clique no botão "Código-fonte" (Figura 121), para que seja exibido o código HTML do site.
6. Pressione a tecla F12 para testar o site. Observe que, desta forma, as duas *divs* ficarão posicionadas à esquerda dentro da *div* menu2 (Figura 127).

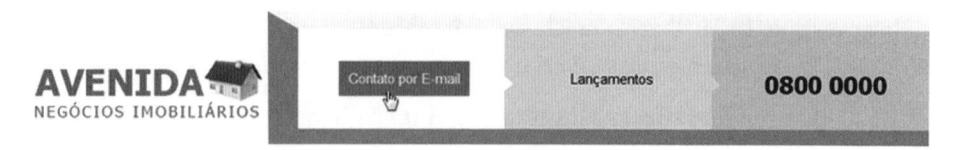

Figura 127

7.1. Criando o formulário de busca

Quando um usuário do site insere informações em um formulário e clica no botão de envio, as informações são enviadas para o servidor onde serão processadas por um script. O servidor responde enviando de volta as informações solicitadas pelo usuário. Neste formulário de busca, inicialmente iremos apenas indicar em qual arquivo estará o script que realizará a busca no website.

1. No código HTML do website posicione o cursor entre as *tags* <div id="busca"> e </div>.

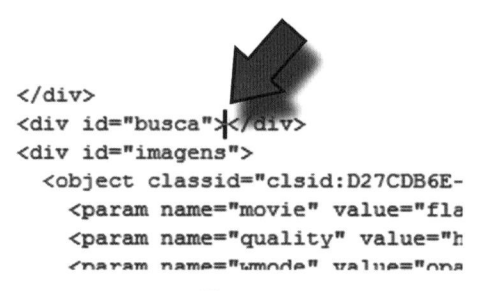

Figura 128

2. Clique no botão "Design" para visualizar o layout do site.
3. Clique no menu "Inserir", aponte para "Formulário" e selecione a opção "Formulário" (Figura 129).

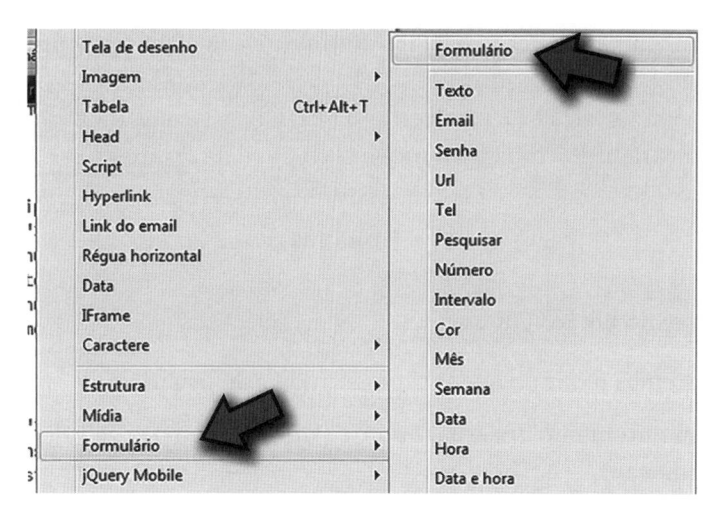

Figura 129

4. No painel "Propriedades", na caixa "Action", digite **busca.php** (Figura 130). O arquivo **busca.php** será o arquivo de script que irá processar o item a ser buscado no website.

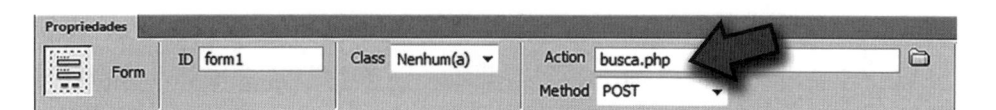

Figura 130

5. No painel "Propriedades", clique na guia de seleção do item "Method" e selecione "GET", como indicado na Figura 131.

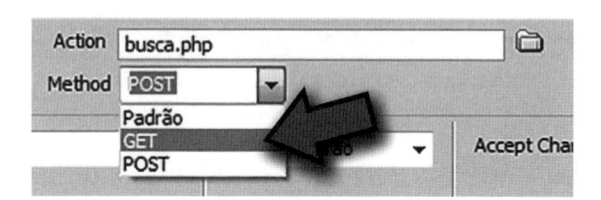

Figura 131

6. Configure as demais opções do formulário como indicado na Figura 132.

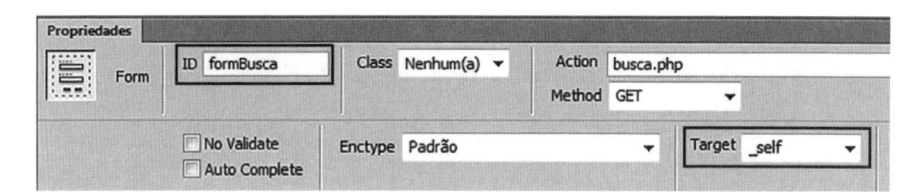

Figura 132

7. Clique no botão "OK".

Agora, criaremos o campo que será preenchido pelo usuário para efetuar a busca.

8. Clique no menu "Inserir", aponte para "Formulário" e selecione a opção "Pesquisar".
9. Preencha as propriedades do campo como indicado na Figura 133.

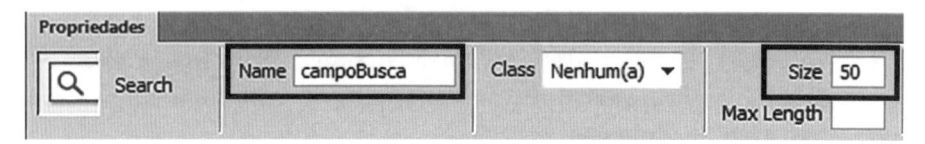

Figura 133

10. Substitua o texto "Search:", inserido ao lado esquerdo do campo, por "Busca:", como indicado na Figura 134.

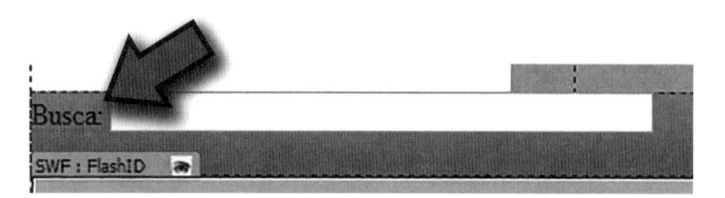

Figura 134

O próximo passo é inserir o botão que irá enviar as informações digitadas na caixa de texto para o arquivo de script **busca.php**.

11. Clique do lado direito do campo "CampoBusca:" para posicionar o cursor (Figura 135).

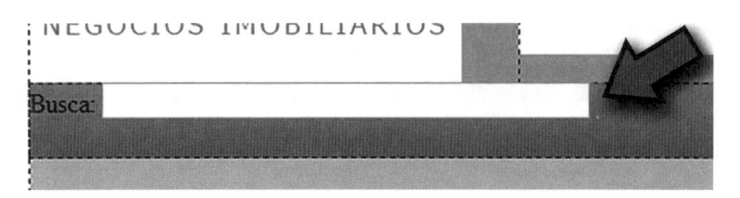

Figura 135

12. Clique no menu "Inserir", aponte para "Formulário" e selecione a opção "Botão Imagem".

13. Selecione a imagem **btn_busca.png** da pasta **imgs** e clique no botão "OK".

14. Altere a propriedade "Name" do campo para "buscar", como indicado na Figura 136.

Figura 136

O próximo passo é indicar o posicionamento da imagem em relação ao campo de texto do formulário. Para que a imagem fique no mesmo alinhamento do campo "Busca' iremos utilizar o atributo *align*.

15. Dê um clique no botão "Código".

16. Insira o código align="top" na *tag* <input type="image">, como indicado na Figura 137.

```
<input name="campoBusca" type="search" id="campoBusca" size="50">
<input type="image" name="buscar" id="buscar" src="imgs/btn_busca.png" align="top">
</form>
```

Figura 137

17. Pressione as teclas Ctrl + S para salvar as alterações no arquivo. Pressione a tecla F12 para testar o website diretamente no browser.

Observe que o campo de texto está alinhado com a imagem que será utilizada como botão, mas o formulário não está centralizado verticalmente dentro da *div* busca (Figura 138).

Figura 138

Para resolver este problema, criaremos uma *div* que alinhará o conteúdo do formulário.

18. No arquivo **estilo.css** digite o código a seguir para criar uma formatação CSS para uma *div* com o nome de PosBusca.

```css
#PosBusca {
    font-family:Arial;
    color:#FFF;
    font-size:15px;
    padding-left:15px;
    padding-top:10px;
}
```

19. No arquivo **index.php** digite entre as *tags* <div id="busca"> e </div> o código indicado na Figura 139.

```html
<div id="busca">
<div id="PosBusca">
    <form action="busca.php" method="get" name="formBusca" target="_self" id="formBusca">
        <label for="campoBusca">Busca:</label>
        <input name="campoBusca" type="search" id="campoBusca" size="50">
        <input type="image" name="buscar" id="buscar" src="imgs/btn_busca.png" align="top">
    </form>
</div>
</div>
```

Figura 139

20. Pressione as teclas Ctrl + S para salvar as alterações no arquivo. Utilize a tecla F12 para testar o funcionamento do website.

Observe que o formulário está alinhado (Figura 140).

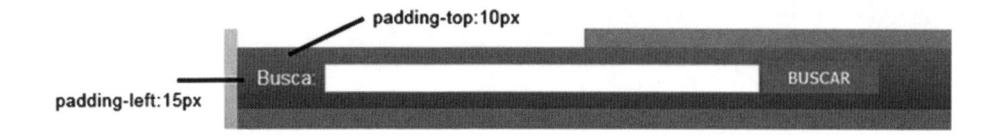

Figura 140

O próximo passo é criar o código CSS que irá posicionar os elementos presentes na *div* imoveis.

Serão criadas duas *divs*. Uma com o nome de **lancamentos,** que receberá os imóveis cadastrados como lançamento, e outra *div* com o nome de **destaques**, que receberá os imóveis cadastrados como destaque.

21. No arquivo **estilo.css** digite o código CSS a seguir:

```
#lancamentos {
      width:326px;
      height:545px;
      font:Arial;
      color:#000;
      background-color:#FFF;
      font-size:15px;
      padding-left:30px;
      padding-top:30px;
      float:left;
}

#destaques {
      width:327px;
      height:545px;
      font:Arial;
      color:#000;
      font-size:15px;
      padding-left:30px;
      padding-top:30px;
      background-color:#cdcbcb;
      float:right;
}
```

22. No arquivo **index.php** apague o texto presente na *div* imoveis e no código HTML do site, entre as *tags* <div id="imóveis"> e </div>, digite o código a seguir:

```
<div id="lancamentos">Lançamentos</div>
<div id="destaques">Destaques</div>
```

Observe na Figura 141 a posição correta do código:

```
<div id="imoveis">
<div id="lancamentos">Lançamentos</div>
<div id="destaques">Destaques</div>
</div>
```

Figura 141

Observe que as *divs* foram criadas e posicionadas (Figura 142).

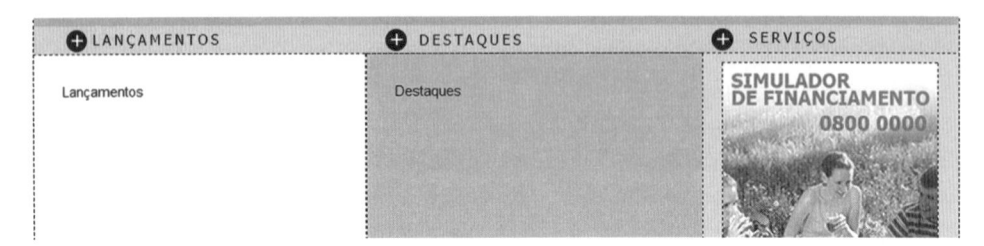

Figura 142

A próxima etapa será posicionar o link que estará presente na *div* rodape1. Observe no layout do site que o link está posicionado entre as *divs* lancamentos e destaques e sua formatação possui um espaçamento maior entre as letras (Figura 143).

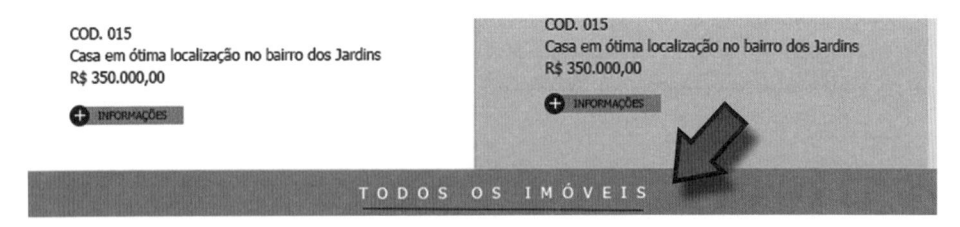

Figura 143

23. No arquivo **estilo.css** digite o código a seguir:

```css
#posRodape1 {
     padding-top:10px;
     padding-left:210px;
}

.linkImoveis a {
     font-family:Arial;
     font-size:15px;
     letter-spacing:10px;
     color:#FFF;
     text-decoration: none;
}

.linkImoveis a:hover {
     letter-spacing:10px;
     color:#000;
     text-decoration:underline;
}
```

24. Salve as alterações neste arquivo. No arquivo **index.php** apague o texto da *div* rodape1 e no código HTML insira o código a seguir:

```html
<div id="posRodape1" class="linkImoveis">
<a href="imoveis.php">TODOS OS IMÓVEIS </a></div>
```

Observe a posição correta do código pela Figura 144.

```
<div id="rodape1">
<div id="posRodape1" class="linkImoveis">
<a href="imoveis.php">TODOS OS IMÓVEIS </a>
</div>
</div>
```

Figura 144

25. Salve as alterações no código. Observe que o link foi formatado e posicionado (Figura 145).

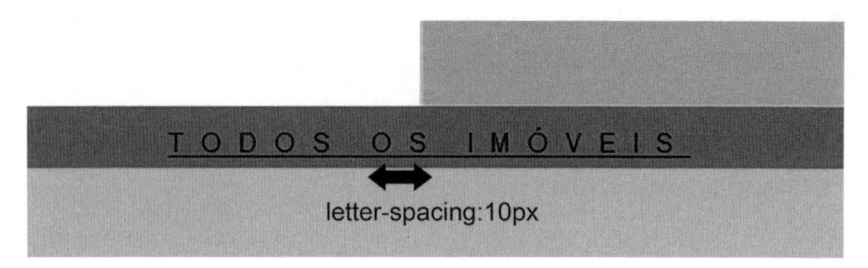

Figura 145

Observe que o espaçamento entre os caracteres foi indicado pela propriedade *letter-spacing*.

26. O próximo passo é posicionar o texto da *div* rodape2. Digite o código a seguir no arquivo **estilo.css**:

```css
#posRodape2 {
    padding-top: 40px;
    width: 750px;
    padding-left: 20px;
    font: Arial;
    font-size: 15px;
    color:#000;
    float:left;
}
```

27. Pressione Ctrl + S para salvar as alterações no arquivo. No arquivo **index. php** digite o código a seguir, entre as *tags* <div id="rodape2> e <img>, no local indicado pela Figura 146.

```html
<div id="posRodape2">Av. Paulista, 400 - Centro - São
Paulo - SP - CEP 110000 - Telefone: (11) 4040-0000 -
contato@contato.com.br <br>
(C) Todos os direitos reservados</div>
```

```
<div id="rodape2">

<div id="posRodape2">Av. Paulista, 400 - Centro - São Paulo - SP - CEP 110000 -
 Telefone: (11) 4040-0000 - contato@contato.com.br<br>
(C) Todos os direitos reservados</div>

<img src="imgs/comunidades.png"  alt="" width="136" height="60" class="direita"
 >
```

Figura 146

28. Pressione as teclas Ctrl + S para salvar as alterações no arquivo. Visualize o website no browser e observe que o texto do rodapé foi formatado e posicionado.

7.2. Imagens mapeadas

Nesta etapa, iremos criar um link em uma determinada área de uma imagem. Neste website, criaremos links nas áreas indicadas na Figura 149. Observe que na mesma imagem **comunidades.png**, que está inserida no *wireframe* rodape2, serão criadas duas áreas mapeadas.

Figura 147

Em uma área mapeada será criado um link para o website facebook.com e em outra área mapeada será criado um link para o website twitter.com.

1. Clique no botão "Design" para que seja exibido o layout do site.

Vamos inicialmente selecionar a imagem que iremos mapear.

2. Dê um clique na imagem **comunidades.png** para selecioná-la (Figura 148).

Figura 148

Vamos mapear a primeira área da imagem.

3. Na barra de propriedades, clique na ferramenta "Ponto ativo retangular" (Figura 149).

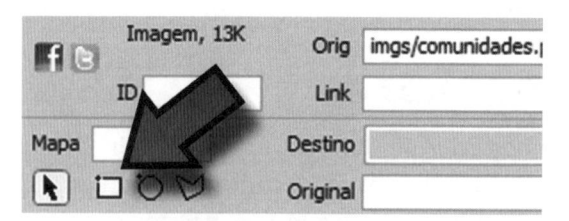

Figura 149

4. Selecione a primeira área da imagem, conforme indicado na Figura 150.

Figura 150

Observe que uma mensagem aconselhando o uso da propriedade *alt* será exibida. O preenchimento desta propriedade facilita a "leitura" desta área mapeada pelos softwares utilizados por deficientes visuais para acessar a internet.

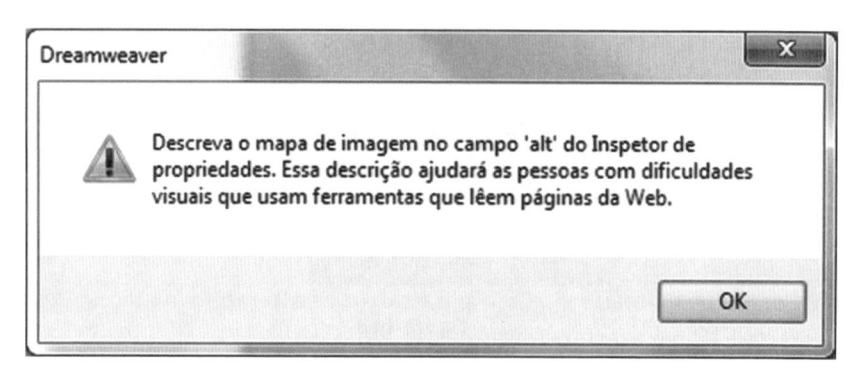

Figura 151

5. Clique no botão "OK".
6. Na barra de propriedades, no item "Alt", digite "Link para o Facebook".
7. No item "Link" digite a URL http://www.facebook.com.

Este é apenas um exemplo, mas em uma situação real o link da página da empresa Imobiliária Avenida no Facebook poderia ser inserido.

Vamos indicar que esta página deve ser aberta em uma nova aba do browser.

8. Dê um clique na guia de seleção do item "Destino" e selecione "_blank", como indicado na Figura 152.

Figura 152

Vamos criar o próximo mapeamento na imagem.

9. Selecione a segunda área da imagem com a ferramenta "Ponto ativo retangular" (Figura 149), como indicado na Figura 153.

Figura 153

10. Na barra de propriedades no item "Alt", digite "Link para o Twitter".
11. Na barra de propriedades no item "Link", digite a URL http://www.twitter.com.

Vamos indicar que esta página deve ser aberta em uma nova aba do browser.

12. Dê um clique na guia de seleção do item "Destino" e selecione a opção "_blank".
13. Pressione as teclas Ctrl + S para salvar as alterações no site. Pressione a tecla F12 para testar o site.

Observe que, ao clicar nas áreas mapeadas, as páginas serão abertas em novas abas no browser.

Capítulo 8

Página Quem Somos

Neste capítulo será criada a página "Quem Somos" do website, utilizando os conceitos aprendidos nos capítulos anteriores.

Para que não seja necessário refazer todo o código já criado, criaremos uma cópia do arquivo **index.php** e removeremos os objetos que não serão utilizados no arquivo **quemsomos.php**.

1. Clique no menu "Arquivo" e selecione a opção "Salvar como".
2. Salve este arquivo na mesma pasta do arquivo **index.php** com o nome de **quemsomos.php**.
3. Clique no botão "Design" para visualizar o layout do site.

Vamos iniciar excluindo as *divs* lancamentos e destaques.

4. Dê um clique na *div* lancamentos para selecioná-la (Figura 154).

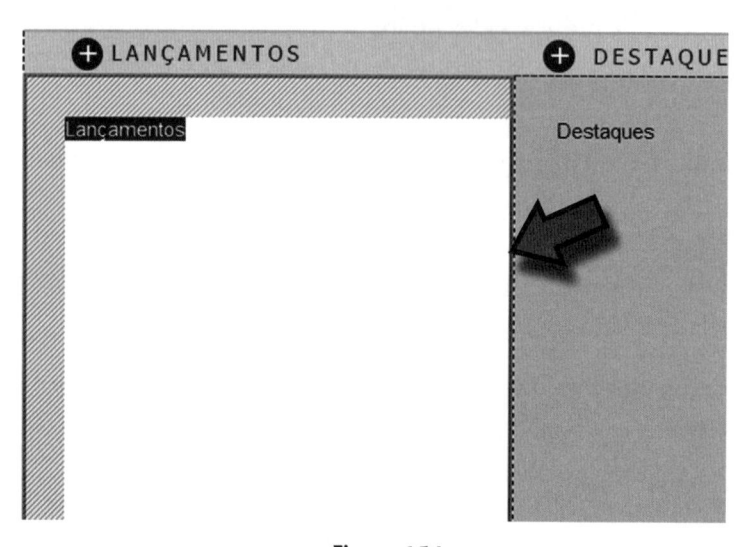

Figura 154

5. Na barra de status do Dreamweaver deve estar indicada a *div* lancamentos como selecionada (Figura 155).

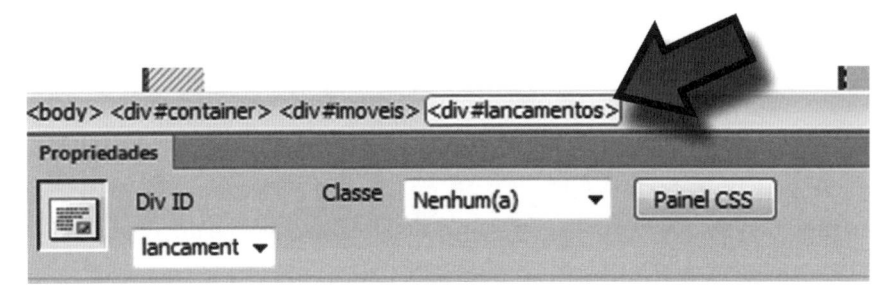

Figura 155

6. Pressione a tecla Delete para excluir a *div*.
7. Clique na *div* destaques para selecioná-la. (Figura 156).

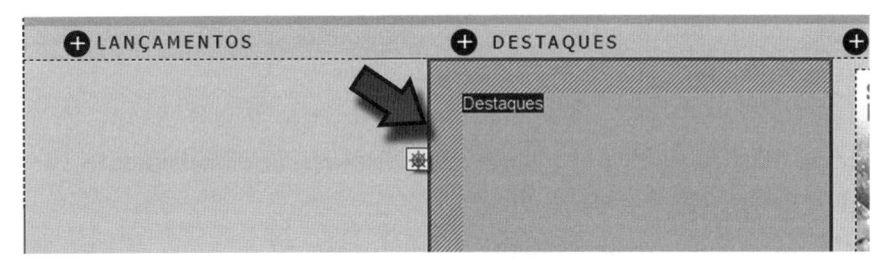

Figura 156

8. Pressione a tecla Delete para excluí-la.
9. Clique na imagem indicada na Figura 157 para selecioná-la e pressione a tecla Delete para excluí-la.

Figura 157

10. Clique na *div* posRodape1 para selecioná-la.

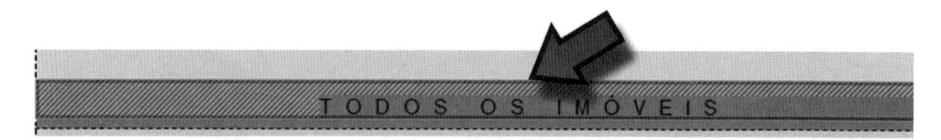

Figura 158

Certifique-se de que, na barra de status do Dreamweaver, a *div* posRodape1 está selecionada (Figura 159).

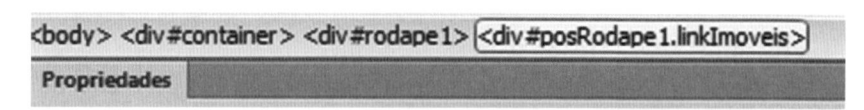

Figura 159

11. Pressione a tecla Delete.

Iremos substituir três *divs* deste layout por novas *divs*. Inicialmente, vamos indicar a formatação dessas novas *divs*.

12. No arquivo **estilo.css** digite o código a seguir:

```
#container2 {
     width:990px;
     height:auto;
     margin-left:auto;
     margin-right:auto;
}

#servicos2 {
     width: 275px;
     height: 295px;
     background-color: #dfdede;
     float: right;
}
```

```css
#quemsomos {
      width:635px;
      height:255px;
      padding-left:40px;
      padding-right:40px;
      padding-top:40px;
      background-color:#dcdcdc;
      float:left;
}

#titulos2 {
      width:990px;
      height:30px;
      background-color:#ffd200;
      clear:both;
      background-image:url(../imgs/quemsomos.png);
}

p {
      font:Arial;
      text-align:justify;
      color:#000;
      size:15px;
}
```

13. Pressione as páginas Ctrl + S para salvar as alterações no arquivo.

14. No código HTML do arquivo **quemsomos.php** altere o id da *div container* para **container2**, como indicado na Figura 160.

```html
<body>

<div id="container2">

<div id="menu">

<div id="PosMenu" class="BarraMenu">
```

Figura 160

15. Altere o id da *div* titulos para titulos2, imoveis para quemsomos e servicos para servicos2.

```
</div>
<div id="titulos2"></div>
<div id="quemsomos"></div>
<div id="servicos2"><img src="imgs/simulador.png"  alt="" width="230"
height="281" class="centralizar"/><img src="imgs/ligacao.png"  alt=""
width="230" height="266" class="centralizar"/></div>
<div id="rodapel"></div>
<div id="rodape2">
```

Figura 161

16. Na *div* quemsomos entre as *tags* <div id="quemsomos"> e </div> digite o código a seguir:

```
<p>A Imobiliária Avenida atua no mercado imobiliário
de São Paulo e região há mais de vinte anos. Com este
profundo conhecimento, já foram comercializadas centenas
de unidades residenciais.</p>
<p>Nosso sucesso é baseado em modernas técnicas de
pesquisa e marketing e nas importantes parcerias que
estabelecemos em cada empreendimento.</p>
<p>Uma equipe altamente capacitada, infraestrutura
completa e trabalho sério são as chaves para a satisfação
de nossos clientes.</p>
```

17. Pressione as teclas Ctrl + S para salvar as alterações no arquivo **quemsomos.php**.

18. Pressione a tecla F12 para testar o arquivo. Observe que o layout do arquivo foi finalizado (Figura 162).

Figura 162

Capítulo 9

Criando um Banco de Dados MySQL

A partir de agora, daremos início ao desenvolvimento do conteúdo dinâmico do website. Começaremos criando um banco de dados com o nome de **avenida**. Um banco de dados é constituído por tabelas com diversos campos, que são os locais em que armazenamos as informações a serem exibidas no website.

No banco de dados **avenida**, criaremos uma tabela com o nome de **imoveis**, que conterá os campos que armazenarão os dados dos imóveis cadastrados, como:

Campo	Descrição
Id	Armazenará o código do imóvel.
Título	Campo que armazenará um título para o imóvel que será utilizado para chamada. Exemplo: apartamento no centro com duas suítes.
Destaque	Campo que armazenará apenas dois valores: 0 e 1. Caso o valor armazenador seja 0, indicará que o imóvel não entrará na categoria destaques. Caso o valor armazenado seja 1, indicará que o imóvel deverá entrar na categoria destaques.
Lançamento	Campo que armazenará apenas dois valores: 0 e 1. Caso o valor armazenador seja 0, indicará que o imóvel não entrará na categoria lançamentos. Caso o valor armazenado seja 1, indicará que o imóvel deverá entrar na categoria lançamentos.
Tipo	Armazenará o tipo do imóvel: casa ou apartamento.

Descrição	Campo utilizado para uma descrição completa do imóvel, como por exemplo: – dois quartos, sendo duas suítes; – duas vagas na garagem; – ótima localização, perto de tudo; – condomínio com área de lazer e churrasqueira.
Foto1	Campo utilizado para armazenar o nome da foto principal do imóvel.
Foto2	Campo utilizado para armazenar o nome da foto adicional do imóvel.
Foto3	Campo utilizado para armazenar o nome da foto adicional do imóvel.
Valor	Campo utilizado para armazenar o valor de venda do imóvel.

9.1. Utilizando o myPHPAdmin

Para criar o banco de dados **avenida** e a tabela **imoveis**, iremos utilizar o MySQL, que é hoje um dos gerenciadores de banco de dados mais populares do mundo. Para abrir o MySQL, utilizaremos o EasyPHP.

1. Clique com o botão direito do mouse sobre o ícone do EasyPHP na barra de tarefas (Figura 24).

2. Ao ser exibido o menu de atalho, selecione a opção "Administration" (Figura 163).

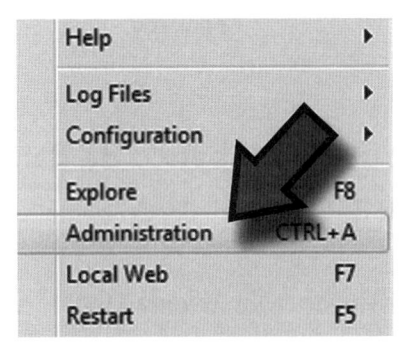

Figura 163

3. Observe que o browser padrão será executado. Clique no link "Open" do módulo *MySQL Administration* (Figura 164).

Figura 164

4. Clique na guia "Banco de Dados" (Figura 165).

Figura 165

5. Digite o nome **avenida** no campo nome e clique no botão "Criar" (Figura 166).

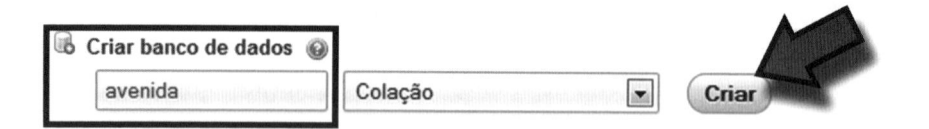

Figura 166

9.2. Criando a estrutura do banco de dados

Observe que o banco de dados será criado. Criaremos agora a primeira tabela do banco de dados.

1. Clique no botão "Create table" (Figura 167).

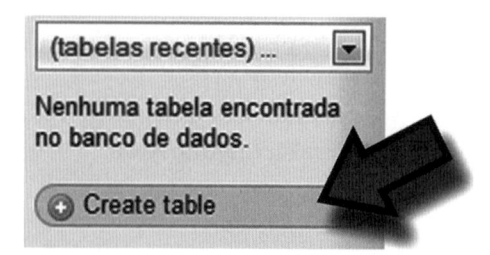

Figura 167

2. Digite o nome **imoveis** para a tabela (não utilize acentuação).

Nome da Tabela: imoveis

Figura 168

Observe que foram apresentados quatro campos vazios (Figura 169), mas vamos precisar de dez campos.

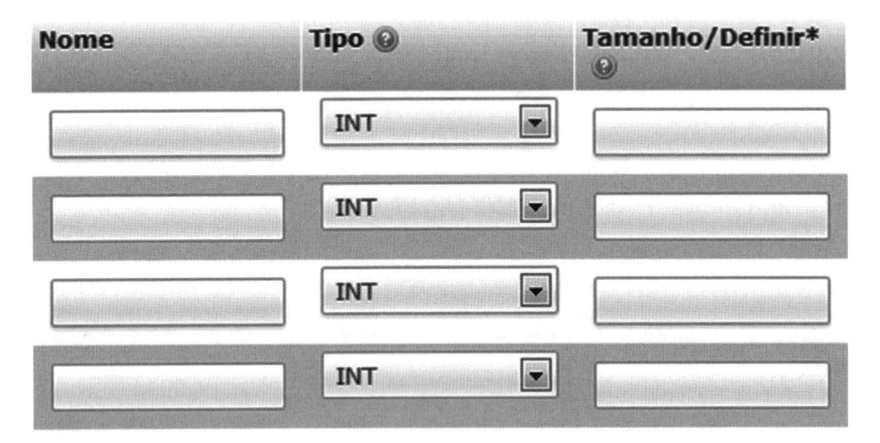

Figura 169

3. Digite o valor 6 na caixa de texto da opção "Add" e clique no botão "Executar" (Figura 170).

Nome da Tabela: imoveis   Add 6 column(s)   Executar

Figura 170

4. Na primeira coluna, digite o nome **id** (escreva os nomes dos campos como indicado nas figuras, tudo em minúsculo, sem espaço e sem acentuação).

Figura 171

O próximo passo é indicar o tipo de dado que será armazenado neste campo. Os tipos de dados que utilizaremos neste banco de dados são:

Tipo de dados	Descrição	Exemplos
INT	Armazena números inteiros	1 10 -1
VARCHAR	Armazena dados do tipo texto	José Maria Nota 10
TEXT	Armazena textos longos	
DECIMAL	Armazena dados numéricos, podendo-se indicar as casas decimais	100,50 1,53525

5. Selecione para o campo **id** o tipo de dado INT e o tamanho de três dígitos, como indicado na Figura 172.

Figura 172

Vamos utilizar este campo como índice primário da tabela. O índice é uma referência utilizada para fins de otimização, permitindo uma localização mais rápida de um registro quando efetuada uma consulta.

6. Clique na guia de seleção do item "Índice" e selecione a opção "PRIMARY" (Figura 173).

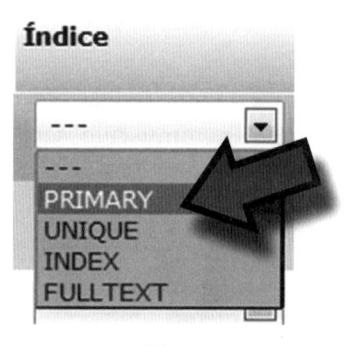

Figura 173

Vamos fazer com que este campo seja automaticamente preenchido. Assim, não será necessário inserir o código dos imóveis, ele será automaticamente preenchido.

7. Dê um clique na guia de seleção da opção "A_I" (AUTO_INCREMENT) para selecioná-la (Figura 174).

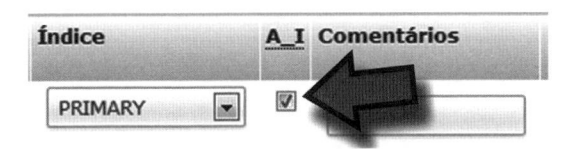

Figura 174

O próximo passo é criar o campo **titulo**.

8. Digite **titulo** no item nome do segundo campo (Figura 175).

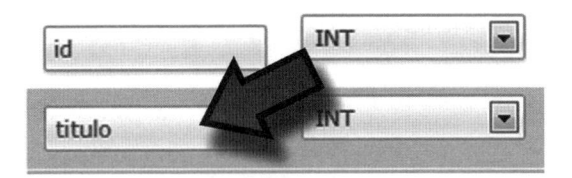

Figura 175

9. Selecione o tipo de dados "VARCHAR" com o tamanho para o campo de quarenta caracteres.

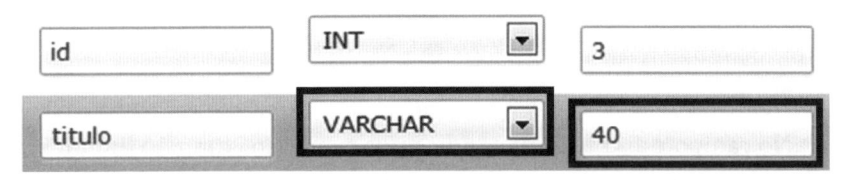

Figura 176

10. Preencha os demais campos utilizando os dados informados na Figura 177.

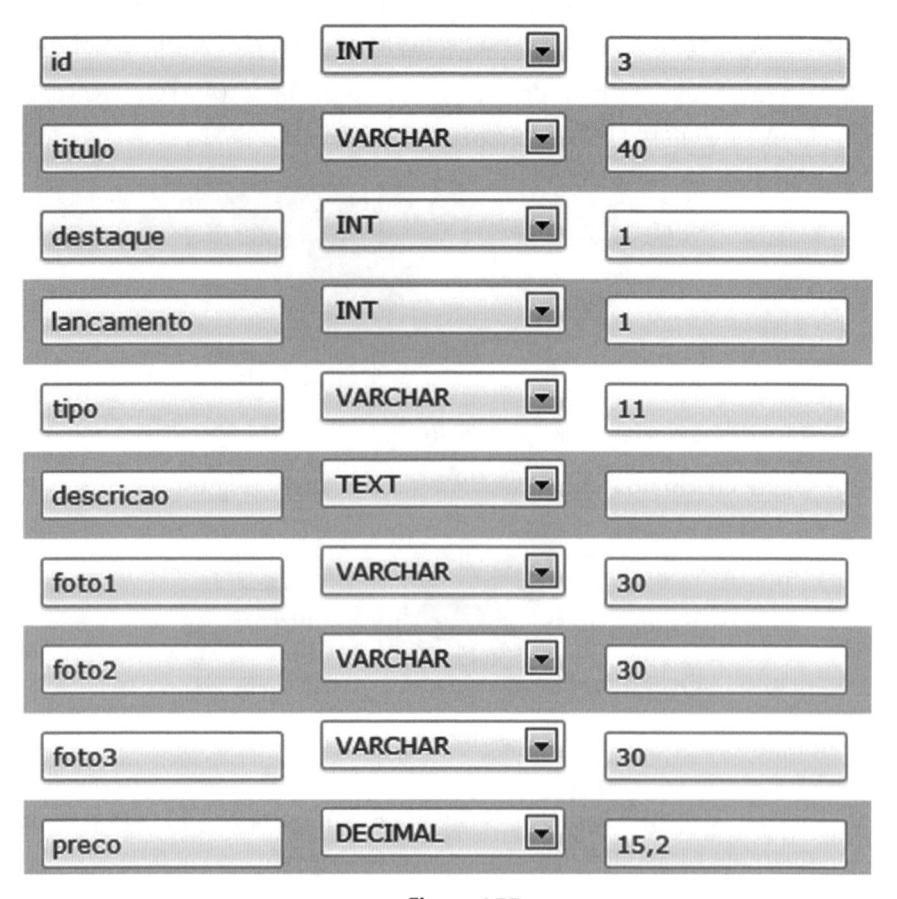

Figura 177

Observe que:

- No campo **descricao** não indicamos tamanho para não limitar a quantidade texto digitado.
- No campo **destaque** utilizamos o tipo de dados INT para indicar 1 para destaque e 0 para não destaque.
- No campo **preco** utilizamos o tamanho de quinze caracteres mais duas casas decimais.
- Nos campos **foto1, foto2 e foto3** utilizamos o tipo de dados VARCHAR, pois o que será armazenado no campo será o nome da foto que será exibida.

Nos campos de preenchimento não obrigatório, vamos deixar com a opção "Nulo" (*null*) selecionada. Nesta tabela os dados de preenchimento não obrigatório serão somente os campos de foto.

11. Clique na opção "Nulo" no campo foto1 (Figura 178).

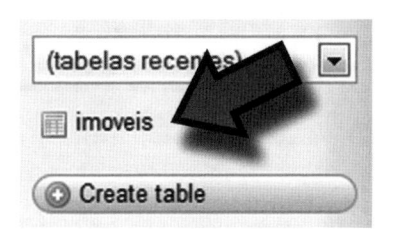

Nome	Tipo	Tamanho/Definir*[1]	Padrão[2]	Colação	Atributos	Nulo	Índice
foto1	VARCHAR	30	None			☑	
foto2	VARCHAR	30	None			☐	---
foto3	VARCHAR	30	None			☐	---
preco	DECIMAL	15,2	None			☐	---

Figura 178

12. Selecione a opção "Nulo" também para os campos foto2 e foto3.

Após preencher todos os dados da estrutura, vamos salvar a tabela.

13. Clique no botão "Salvar", no canto inferior direito da tela.

Observe que a tabela **imoveis** foi criada.

Figura 179

O próximo passo é criar a tabela **usuarios**.

Nesta tabela serão utilizados os seguintes campos:

Campo	Descrição
Id	Irá armazenar o código do usuário
usuario	Campo utilizado para armazenar o nome do usuário do administrador do site
senha	Campo que armazenará a senha do administrador do site

1. Clique no botão "Create Table" (Figura 167).
2. Clique na caixa do nome da tabela no topo da tela do browser e digite **usuarios** (Figura 180).

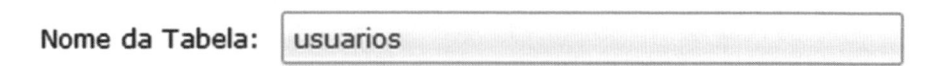

Nome da Tabela: usuarios

Figura 180

3. Crie a estrutura desta tabela como indicado a seguir:

Nome	Tipo	Tamanho
id	INT	3
usuario	VARCHAR	15
senha	VARCHAR	15

4. Defina o campo **id** como índice primário e ative a opção "A_I" (AUTO_IN-CREMENT), como indicado na Figura 181.

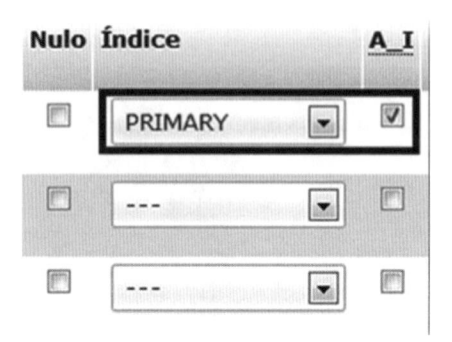

Figura 181

5. Clique no botão "Salvar".

O próximo passo é adicionar alguns registros na tabela **imoveis**, que serão utilizados para testar o funcionamento do website.

6. Clique na tabela **imoveis** para selecioná-la (Figura 182).

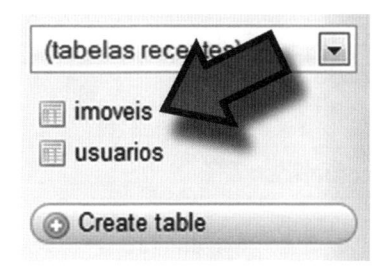

Figura 182

7. Clique no botão "Inserir" (Figura 183).

Figura 183

8. Preencha o primeiro registro com os dados da tabela a seguir, lembrando que o campo **id** não precisa ser preenchido, pois será preenchido automaticamente.

Registro 1:

Título	Casa no Centro
Destaque	0
Lançamento	1
Tipo	Casa
Descrição	– Casa com quatro dormitórios localizada no centro da cidade. – Quatro quartos, sendo duas suítes. – Duas vagas na garagem. – Sala de estar. – Copa.
Foto1	foto1.jpg
Foto2	foto2.jpg
Foto3	foto3.jpg
Preço	300000

9. Clique no botão "Executar".

Figura 184

10. Repita este procedimento e cadastre os registros a seguir:

Registro 2:

Título	Apartamento no Centro
Destaque	0
Lançamento	1
Tipo	Apartamento
Descrição	– Apartamento com três quartos, sendo uma suíte. – Duas vagas na garagem. – Área de lazer completa.
Foto1	foto4.jpg
Foto2	foto5.jpg
Foto3	
Preço	450000

Deixe o campo Foto3 em branco.

Registro 3:

Título	Apartamento em bairro nobre
Destaque	1
Lançamento	0
Tipo	Apartamento
Descrição	– Apartamento com quatro quartos, sendo quatro suítes. – Duas vagas na garagem. – Área de lazer completa.
Foto1	foto7.jpg
Foto2	foto8.jpg
Foto3	foto9.jpg
Preço	550000

Registro 4:

Título	Casa em condomínio
Destaque	1
Lançamento	0
Tipo	Casa
Descrição	– Casa em condomínio fechado. – Três quartos, sendo duas suítes. – Garagem para quatro carros. – Área de lazer completa.
Foto1	foto9.jpg
Foto2	foto10.jpg
Foto3	foto11.jpg
Preço	660000

Vamos agora cadastrar um registro na tabela **usuarios**.

11. Clique na tabela **usuarios** para selecioná-la.

12. Clique no botão "Inserir".

13. Preencha um registro com os dados da tabela a seguir, lembrando que os dados do campo **id** não precisam ser preenchidos.

Registro 1:

usuario	admin
senha	admin123

14. Clique no botão "Executar".

15. Feche a janela do browser.

Capítulo 10

Criando uma Conexão com o Banco de Dados

Neste capítulo será criada a conexão do website com o banco de dados e também as principais consultas utilizadas na página Home do website.

Para criar uma integração com o banco de dados, inicialmente vamos visualizar o painel "Bancos de Dados".

O painel "Banco de Dados" no Dreamweaver CC é considerado uma extensão do software e, por padrão, não é instalado automaticamente. Para podermos utilizar as funcionalidades do painel "Banco de Dados", inicialmente devemos instalá-lo.

1. Abra a pasta de instalação do Dreamweaver CC (normalmente instalado no caminho C:\Program Files (x86)\Adobe\Adobe Dreamweaver CC).
2. Dê um clique duplo na pasta "configuration".

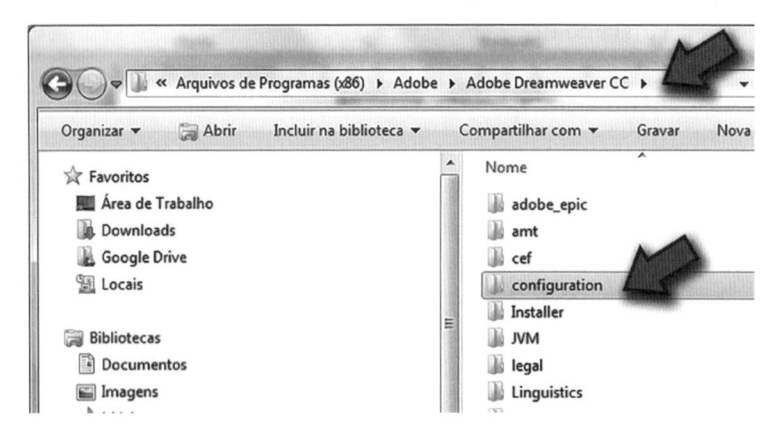

Figura 185

3. Abra a pasta "DisabledFeatures".

Figura 186

4. Dê um clique duplo no arquivo "Deprecated_ServerBehaviorsPanel_Support.zxp".

Figura 187

Aguarde a extensão ser instalada pelo *Adobe Extension Manager*.

Figura 188

Obs.: Caso o Adobe Extension Manager não esteja instalado em seu computador, a sua instalação será iniciada.

Com o painel "Banco de Dados" instalado, o próximo passo é abrir o arquivo **index.php**.

5. Abra o arquivo **index.php**.
6. Dê um clique no botão "Design" para visualizar o layout da página Home.
7. Clique no menu "Janela" e em seguida clique na opção "Banco de dados".
8. Observe que o painel "Bancos de dados" será exibido (Figura 189).

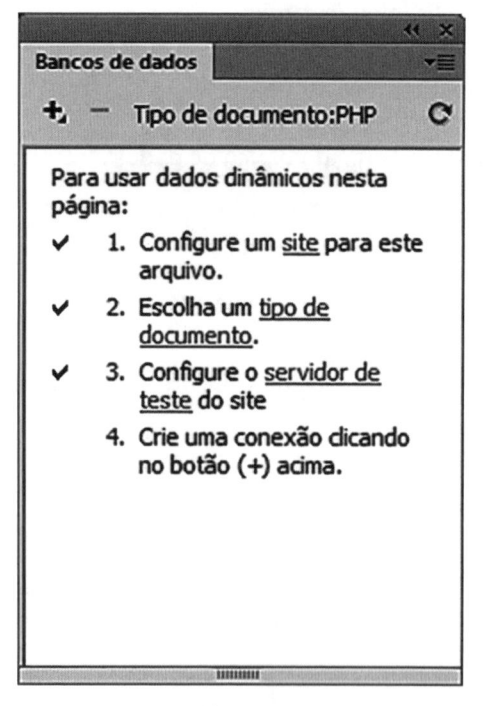

Figura 189

9. Clique no botão (+) no painel "Bancos de dados", como indicado na Figura 190.

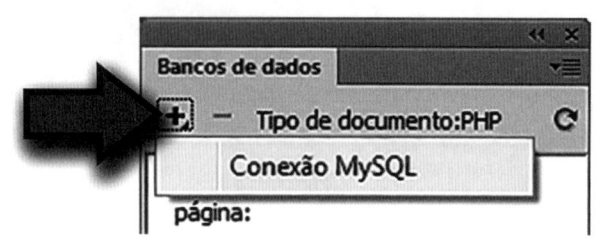

Figura 190

10. Clique na opção "Conexão MySQL".

Observe que será exibida uma nova janela. Nesta janela devem ser definidas as seguintes configurações:

- **Nome da conexão:** é o nome dado para a conexão. Normalmente é utilizado o nome do banco de dados.
- **Servidor MySQL:** nome do servidor do banco de dados SQL. O EasyPHP utiliza como padrão o nome **localhost**.

- **Nome do usuário:** nome de usuário para acesso ao banco de dados. O EasyPHP utiliza como padrão o nome **root**.
- **Senha:** senha de acesso ao banco de dados. Esta versão do EasyPHP não utiliza senha.
- **Banco de dados:** nome do banco de dados a ser utilizado.

11. Configure a conexão com os dados indicados na Figura 191.

Nome da conexão:	avenida
Servidor MySQL:	localhost
Nome do usuário:	root
Senha:	
Banco de dados:	Selecionar...

Figura 191

Vamos selecionar o banco de dados que será utilizado.

12. Clique no botão "Selecionar...".

Caso a mensagem a seguir seja exibida (Figura 192), algumas configurações devem ser realizadas.

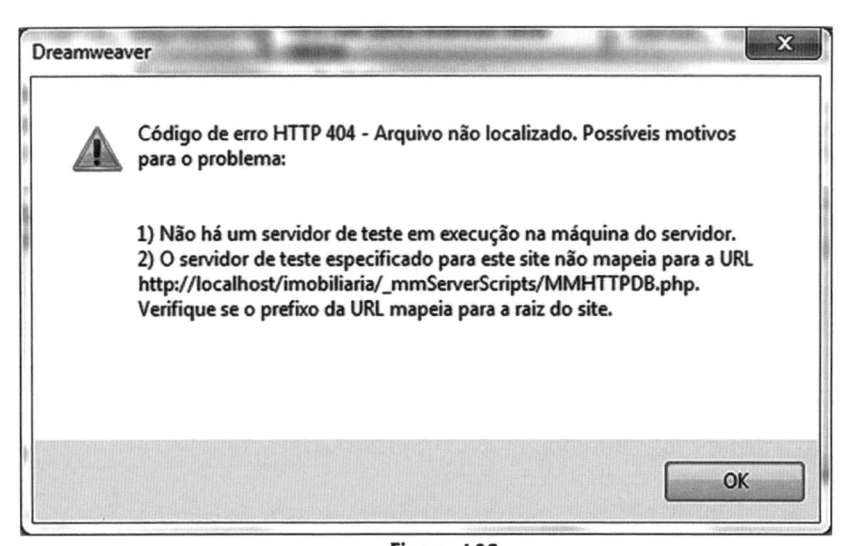

Dreamweaver ✕

⚠ Código de erro HTTP 404 - Arquivo não localizado. Possíveis motivos para o problema:

1) Não há um servidor de teste em execução na máquina do servidor.
2) O servidor de teste especificado para este site não mapeia para a URL http://localhost/imobiliaria/_mmServerScripts/MMHTTPDB.php. Verifique se o prefixo da URL mapeia para a raiz do site.

OK

Figura 192

Observe que o arquivo MMHTTPDB.php não foi encontrado na pasta _mmSer-verScripts.

Para resolver este problema, devemos copiar os arquivos MMHTTPDB.php e mysql.php para a pasta "imobiliaria_mmServer.Scripts".

13. Abra o caminho a seguir substituindo <usuário> pelo nome de usuário de seu computador (Figura 193).

C:\Users\<usuário>\AppData\Roaming\Adobe\DreamweaverCC\pt_BR\ Configuration\Connections\Scripts\PHP_MySQL

Figura 193

Caso você não saiba o nome de usuário de seu computador, abra o caminho C:\ Users que o nome de usuário será exibido (Figura 194).

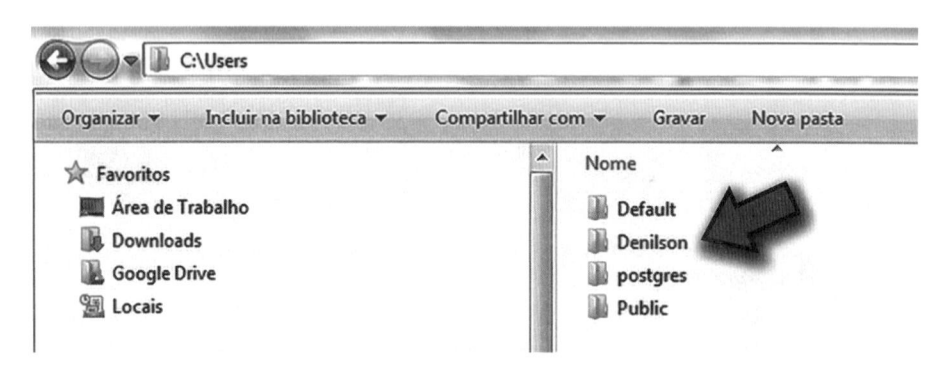

Figura 194

Caso você tenha dificuldades em encontrar a pasta _mmDBScripts, realize o download da pasta no link a seguir:

http://www.denilsonbonatti.com.br/livros/_mmDBScripts.zip

Dê um clique duplo na pasta _mmDBScripts para abri-la.

14. Copie os arquivos MMHTTPDB.php e mysql.php para a pasta _mmServerScripts da pasta "imobiliaria" (Figura 195).

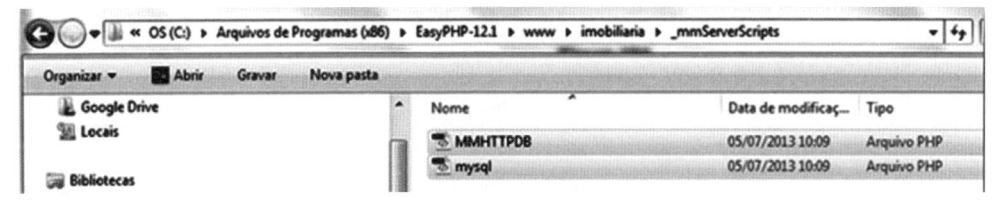

Figura 195

15. No Dreamweaver, utilize a mesma configuração da Figura 191 e clique no botão "Selecionar".

16. Clique no banco de dados **avenida** para selecioná-lo (Figura 196).

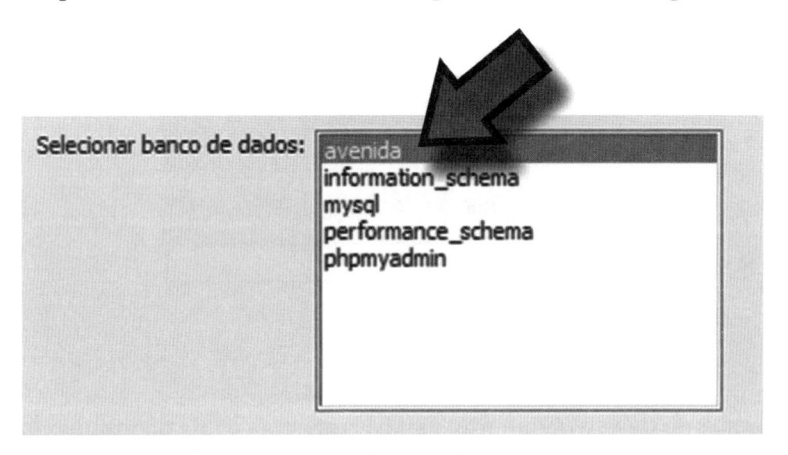

Figura 196

17. Clique no botão "OK" para fechar a janela e selecionar o banco de dados.

18. Clique no botão "OK" para criar a conexão com o banco de dados.

19. Como não estamos utilizando senha de acesso ao banco de dados, pode ser exibida uma janela de confirmação (Figura 197). Clique no botão "OK".

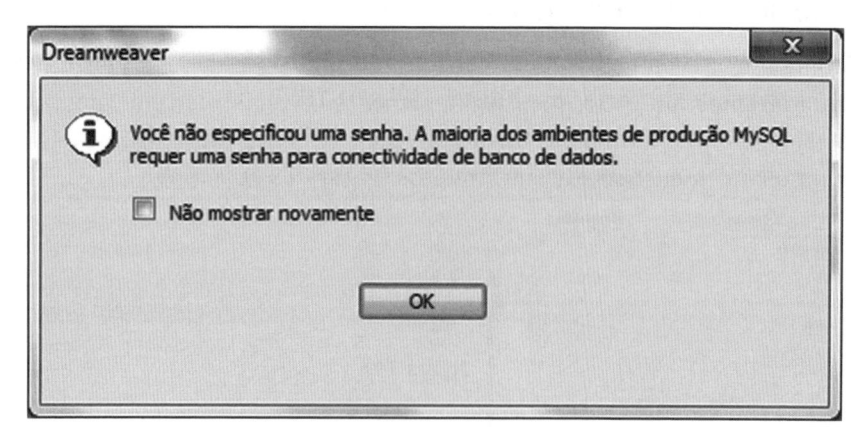

Figura 197

Observe que no painel "Bancos de dados" a conexão com o banco de dados **avenida** foi criada (Figura 198).

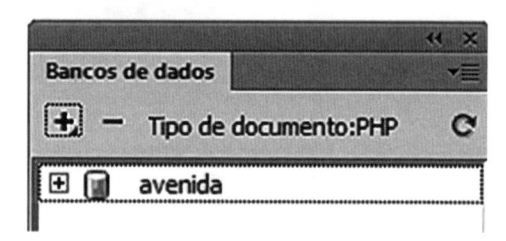

Figura 198

Nesta etapa do desenvolvimento, vamos criar uma cópia do arquivo **index.php** com o nome de **base.php**. Utilizaremos o arquivo **base.php** como modelo para a criação dos demais arquivos do website.

20. Clique no menu "Arquivo" e selecione a opção "Salvar como".

21. Salve o arquivo com o nome de **base.php**.

22. Feche o arquivo **base.php** e abra novamente o arquivo **index.php**.

10.1. Criando uma consulta

Criaremos neste momento uma consulta ao banco de dados **avenida.** Nesta consulta criaremos um filtro que exibirá somente os registros cujo campo **lancamento** seja igual a 1. Com essa consulta iremos somente exibir os imóveis cadastrados como lançamento na div lancamentos (Figura 199).

Figura 199

1. Clique no menu "Janela" e selecione a opção "Ligações".
2. No painel "Ligações", dê um clique no botão (+) e selecione a opção "Conjunto de Registros (Consulta)" (Figura 200).

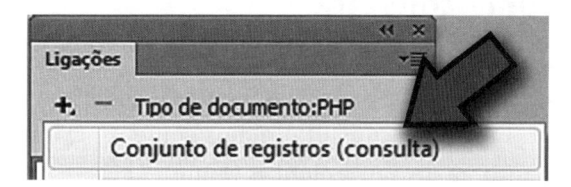

Figura 200

Inicialmente vamos nomear a consulta que iremos realizar.

3. Clique na caixa do item "Nome" e digite **lancamentos** (Figura 201).

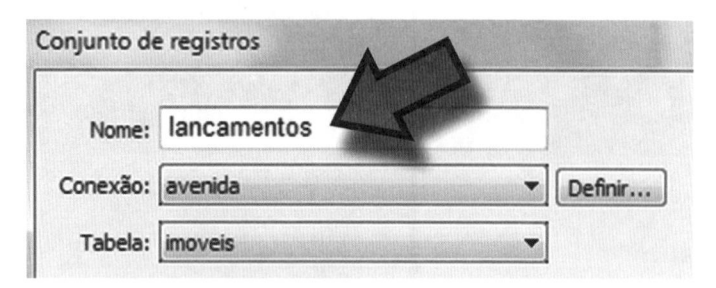

Figura 201

4. Certifique-se de que a conexão **avenida** e a tabela **imoveis** estejam selecionadas (Figura 202).

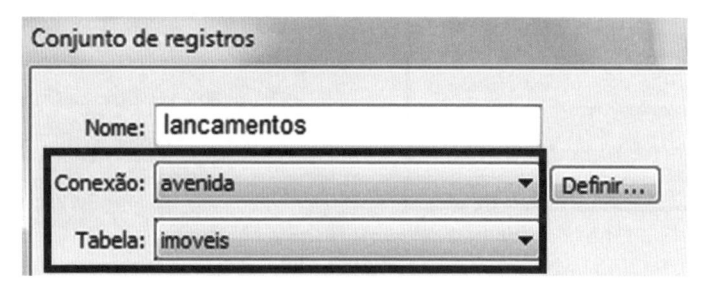

Figura 202

Vamos indicar o filtro que será utilizado nesta consulta. Lembre-se de que iremos localizar somente os registros que possuem no campo **lancamentos** o valor igual a 1.

5. Clique na guia de seleção do item "Filtro" e selecione o campo **lancamento** (Figura 203).

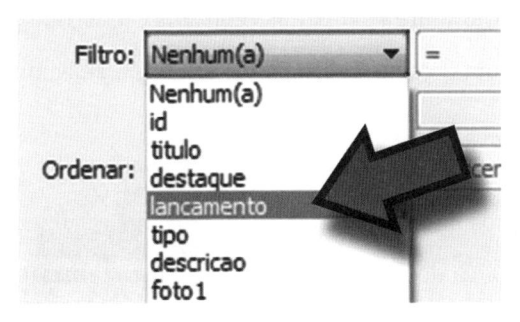

Figura 203

Vamos trocar o item "Parâmetro de URL" para o valor digitado.

6. Selecione a opção "Valor digitado", como indicado na Figura 204.

Figura 204

7. Altere o texto **lancamento** para o valor **1** na caixa indicada na Figura 205.

Figura 205

Agora indicaremos a ordem em que os registros serão exibidos.

Vamos classificar a consulta pelo campo **id** na ordem decrescente. Desta forma, serão exibidos primeiramente os últimos registros cadastrados.

8. Clique na guia de seleção do item ordenar e selecione o campo **id** (Figura 206).

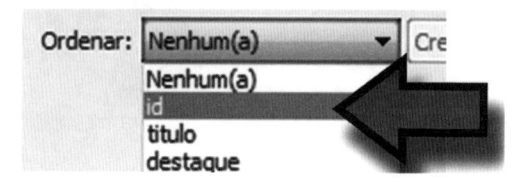

Figura 206

9. Selecione o modo de classificação "decrescente" (Figura 207).

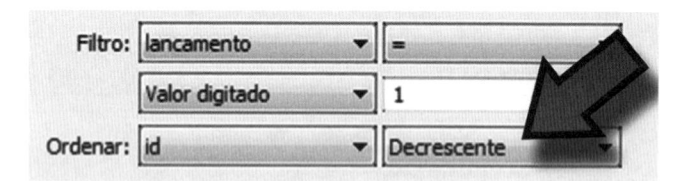

Figura 207

Vamos testar a consulta.

10. Clique no botão "Testar".

Observe que somente os registros cujo campo **lancamento** possui o valor **1** são exibidos. Observe também a ordem decrescente de exibição dos registros. Os primeiros registros listados são aqueles com o maior número no campo **id**.

Testar instrução SQL										X
Registro	id	titulo	desta...	lanca...	tipo	descri...	foto1	foto2	foto3	preco
1	2	Apart...	0	1	Apart...		foto4....	foto5....	foto6....	45000..
2	1	Casa ...	0	1	Casa		foto1....	foto2....	foto3....	30000..

Figura 208

11. Clique no botão "OK" para fechar a janela de testes.

12. Clique no botão "OK" para criar a consulta.

13. Clique no botão "Código" para visualizar o código do site.

Observe que o código PHP para a realização da consulta foi inserido automaticamente pelo Dreamweaver (Figura 209).

```php
1   <?php require_once('Connections/avenida.php'); ?>
2   <?php
3   if (!function_exists("GetSQLValueString")) {
4   function GetSQLValueString($theValue, $theType, $theDefinedValue
    = "", $theNotDefinedValue = "")
5   {
6     if (PHP_VERSION < 6) {
7       $theValue = get_magic_quotes_gpc() ? stripslashes($theValue)
      : $theValue;
8     }
9
10    $theValue = function_exists("mysql_real_escape_string") ?
    mysql_real_escape_string($theValue) : mysql_escape_string(
    $theValue);
```

Figura 209

O próximo passo é exibir os registros encontrados na consulta recentemente criada na *div* lancamentos.

14. Clique no botão "Design" para visualizar o layout do site.

15. Apague o texto da *div* lancamentos.

10.2. Inserindo uma referência de imagem do banco de dados

Exibiremos a imagem que foi referenciada no banco de dados. Lembre-se que apenas inserimos o nome da imagem no registro. As imagens estão salvas na pasta **upload** com o nome indicado no registro. Mais adiante iremos criar no painel de controle do website o sistema que realizará o *upload* das imagens dos imóveis cadastrados para esta pasta.

1. Dê um clique no botão "Código" e digite código a seguir:

```
<img src="upload/
```

```
<div id="lancamentos"><img src="upload/</div>
<div id="destaques">Destaques</div>
```

Figura 210

Observe que utilizamos a *tag* <img> para que seja referenciada uma imagem, e pela propriedade src indicamos a pasta "upload". O próximo passo é inserir o nome da imagem indicada no banco de dados.

2. No painel "Ligações", dê um clique no botão (+) da opção "Conjunto de Registros" (Figura 211).

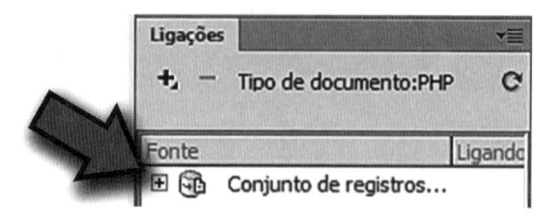

Figura 211

3. Clique sobre o campo **foto1** e deixe o botão do mouse pressionado (Figura 212).

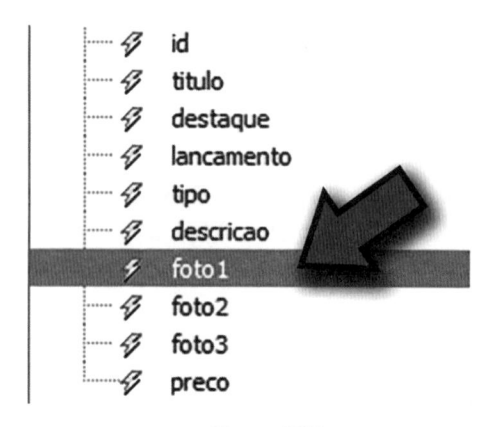

Figura 212

4. Arraste o campo **foto1** para a frente do código digitado anteriormente (Figura 213).

```
<div id="lancamentos"><img src="upload/</div>
<div id="destaques">Destaques</div>
```

Figura 213

Observe que o código PHP foi inserido automaticamente.

5. Feche as aspas (") e a *tag* <img> com o caractere ">", como indicado a seguir.

```
<img src="upload/<?php echo $row_lancamentos['foto1']; ?>">
```

O próximo passo é indicar o tamanho da imagem. Indicaremos a largura de 230 px pela altura de 145 px.

6. Dê um clique no botão "Design".

No painel "Propriedades", clique na caixa do item W (largura) e digite 230 (Figura 214).

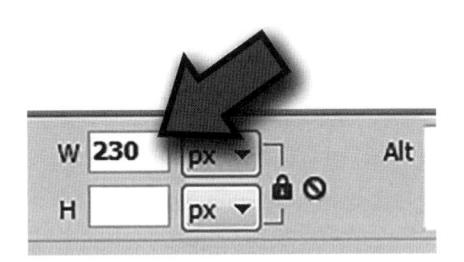

Figura 214

7. Clique na caixa do item H (altura) e digite 145. Certifique-se de que o botão de restrição de tamanho esteja desativado (Figura 215).

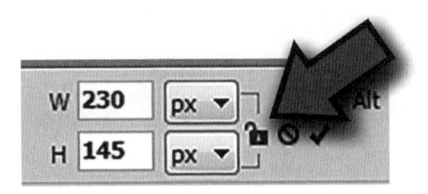

Figura 215

10.3. Inserindo textos dinâmicos

Com a imagem referenciada, o próximo passo é exibir as demais informações do registro. Na página Home exibiremos juntamente com a foto1 os campos **id**, **titulo** e **valor**.

1. Dê um clique no botão "Código" para exibir o código HTML/PHP da página **index.php**.

2. Certifique-se de que o cursor está posicionado após a *tag* <img>, que foi utilizada para referenciar a imagem do banco de dados, e antes da *tag* </div> (Figura 216).

```
<div id="lancamentos"><img       upload/<?php echo $row_lancamentos['foto1']; ?>
" width="230" height="145" /></div>
<div id="destaques">Destaques</div>
```

Figura 216

3. Digite o código **<p>** para que seja iniciado um parágrafo e digite o texto **COD.**.

```
ipload/<?php echo $row_lancamentos['foto
.ght="145" /><p> COD. </div>
.v>
```

Figura 217

4. No painel "Ligações", clique sobre o campo **Id** (Figura 218).

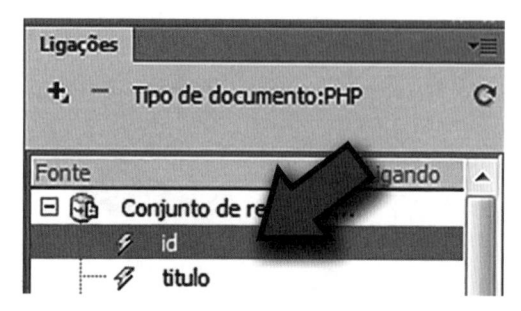

Figura 218

5. Clique no botão "Inserir" (Figura 219).

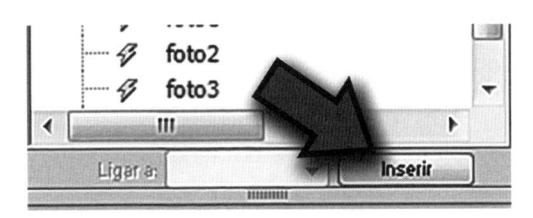

Figura 219

6. Clique no botão "Design" para visualizar o layout do website.

Observe pelo modo "Design" que o campo **id** da consulta **lancamentos** foi exibido (Figura 220).

Figura 220

7. Pressione as teclas Shift + Enter para inserir automaticamente no código HTML do site a *tag*
, que equivale a uma quebra de linha.

O próximo passo é inserir o campo **titulo**.

8. Clique no campo **titulo** no painel "Ligações".
9. Clique no botão "Inserir".

Observe que o campo **titulo** será exibido.

Figura 221

10. Pressione as teclas Shift + Enter para inserir uma quebra de linha.

11. Digite o texto **R$** e insira o campo **preco**, como indicado na Figura 222.

COD. {lancamentos.id}
{lancamentos.titulo}
R$ {lancamentos.preco}

Figura 222

12. Pressione as teclas Shift + Enter duas vezes para inserir duas quebras de linha.

Vamos inserir uma imagem que será utilizada como link para o arquivo **deta-lhes.php**.

13. Clique no menu "Inserir", aponte para "Imagem" e selecione a opção "Imagem".

14. Selecione a imagem **btn_maisinformacoes.png** da pasta **imgs**.

Observe que a imagem foi inserida.

Figura 223

15. Clique no botão "Código" e feche a *tag* </p> como indicado na Figura 224.

```
<img src="imgs/btn_maisinformacoes.png" width="95" height="21"  alt=""/></p></div>
<div id="destaques">Destaques</div>
```

Figura 224

16. Pressione as teclas Ctrl + S para salvar as alterações.
17. Pressione a tecla F12 para testar o arquivo.

Observe que o primeiro registro da consulta será exibido. Observe também que será necessário formatar para o formato monetário os dados exibidos no campo **preco.**

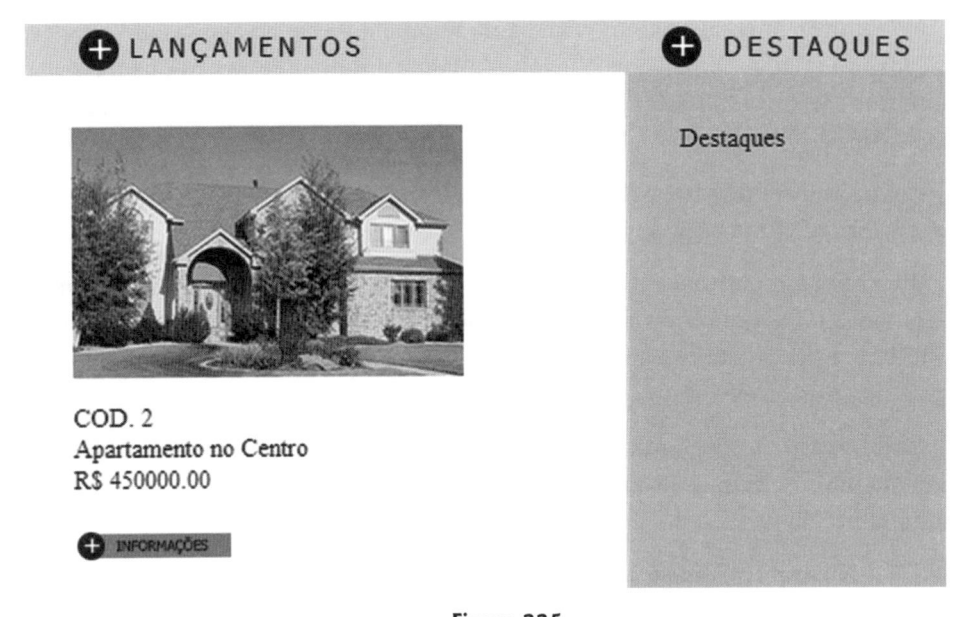

Figura 225

Capítulo 11

Região Repetitiva

No capítulo anterior exibimos na página home do website apenas um resultado da consulta criada. Observe pelo layout da página Home (Figura 5) que na *div* lancamentos são exibidos dois registros e na *div* destaques são exibidos também dois registros.

Para que mais de um registro seja exibido na *div* lancamentos, utilizaremos a ferramenta região repetitiva.

Uma região repetitiva é uma seção do website que pode ser duplicada inúmeras vezes em uma página baseada nos resultados de uma consulta. Normalmente as regiões repetitivas são usadas com tabelas, mas é possível definir uma região repetitiva para outros elementos da página.

Este é o caso da *div* lancamentos. Não utilizamos tabelas para exibir os dados da consulta, mas inserimos os campos do registro pela ferramenta "Campo dinâmico" diretamente na *div*.

1. No arquivo **index.php**, clique no botão "Código".
2. Selecione todo o código entre as *tags* <div id="lancamentos"> e </div>, como indicado na Figura 226.

```
<div id="lancamentos"><img src="upload/<?php echo $row_lancamentos['foto1']; ?>" width=
"230" height="145"><p> Cód. <?php echo $row_lancamentos['id']; ?><br>
  <?php echo $row_lancamentos['titulo']; ?><br>
  R$ <?php echo $row_lancamentos['preco']; ?><br>
  <br>
  <img src="imgs/btn_maisinformacoes.png" width="95" height="21"  alt=""/></p></div>
<div id="destaques">Destaques</div>
```

Figura 226

A ferramenta "Região repetitiva" está disponível no painel "Comportamentos de servidor".

3. Dê um clique no menu "Janela" e selecione a opção "Comportamentos de servidor".

4. No painel "Comportamentos de servidor", clique no botão (+) e selecione a ferramenta "Região repetitiva" (Figura 227).

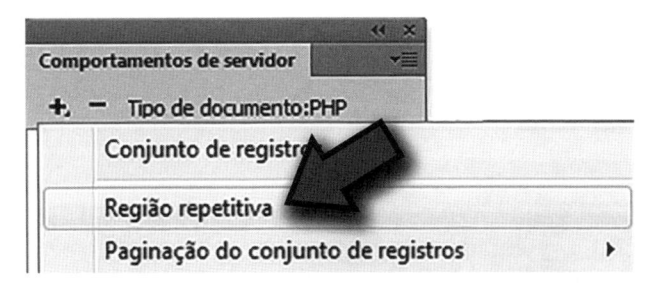

Figura 227

Ao clicar na ferramenta, observe que uma nova janela será exibida.

5. Observe na Figura 228 que a consulta **lancamentos** foi selecionada. Indique que a região repetitiva deve exibir **2** registros por vez.

Figura 228

6. Clique no botão "OK".

7. Pressione as teclas Ctrl + S para salvar as alterações no arquivo.

8. Pressione a tecla F12 para testar o website diretamente no browser padrão. Observe que os dois registros serão exibidos na *div* lancamentos.

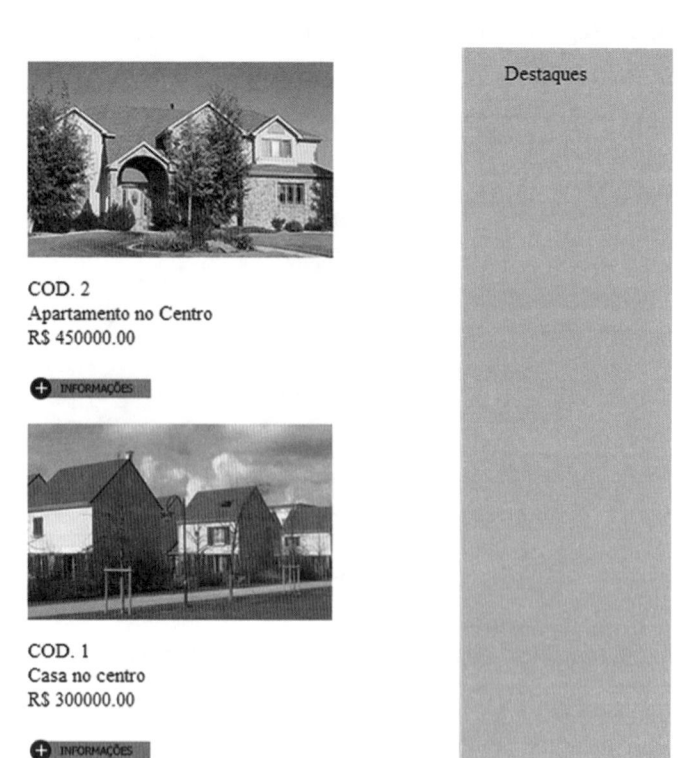

Figura 229

Utilizando o mesmo procedimento visto anteriormente, vamos exibir os registros da *div* destaques.

Inicialmente criaremos uma consulta ao banco de dados **avenida**, onde iremos exibir os registros cujo campo **destaque** seja igual a 1.

9. Dê um clique no botão (**+**) do painel "Ligações" e selecione a opção "Conjunto de registros (consulta)" (Figura 230).

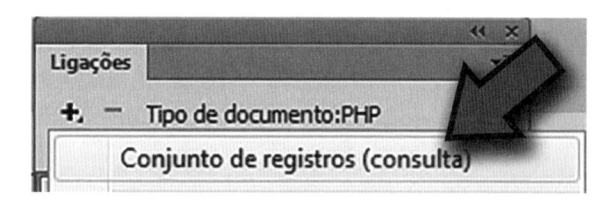

Figura 230

O próximo passo é nomear a consulta que iremos realizar.

10. Clique na caixa do item "Nome" e digite **destaques** (Figura 231).

Figura 231

11. Certifique-se de que a conexão **avenida** e a tabela **imoveis** estejam selecionadas.

Vamos indicar o filtro que será utilizado nesta consulta. Lembre-se de que iremos localizar somente os registros que possuem no campo **destaques** o valor
igual a 1.

12. Clique na guia de seleção do item "Filtro" e selecione o campo **destaque**.

Vamos trocar o item "Parâmetro de URL" para o valor digitado.

13. Clique na guia de seleção indicada na Figura 232 e selecione a opção "Valor digitado".

Figura 232

14. Altere o texto em destaque para o valor **1** na caixa indicada pela Figura 233.

Figura 233

Agora indicaremos a ordem em que os registros serão exibidos.

15. Clique na guia de seleção do item **Ordenar** e selecione o campo **id**.

16. Selecione o modo de classificação **decrescente**.

17. Clique no botão "OK" para criar a consulta.

18. Clique no botão "Design" para visualizar o layout do site.

19. Apague o texto da *div* destaques.

Primeiramente vamos exibir a imagem do registro.

20. Dê um clique no botão "Código" e digite o código a seguir:

```
<img src="upload/
```

```
    <?php } while ($row_lancamentos = mysql_fetch_assoc($lancamentos)); ?>
</div>
<div id="destaques"><img src="upload/</div>
```

Figura 234

O próximo passo é inserir o nome da imagem indicada no banco de dados.

21. No painel "Ligações", dê um clique no botão (+) da opção "Conjunto de Registros (destaques)" (Figura 235).

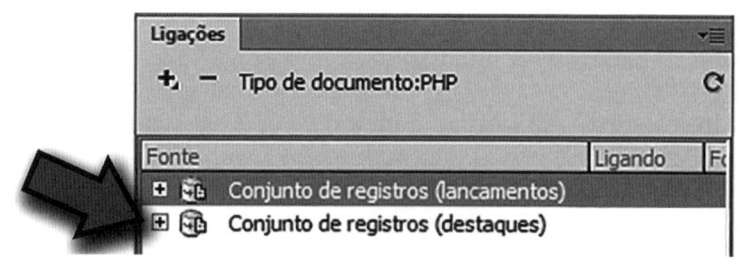

Figura 235

22. Clique sobre o campo **foto1** e deixe o botão do mouse pressionado (Figura 236).

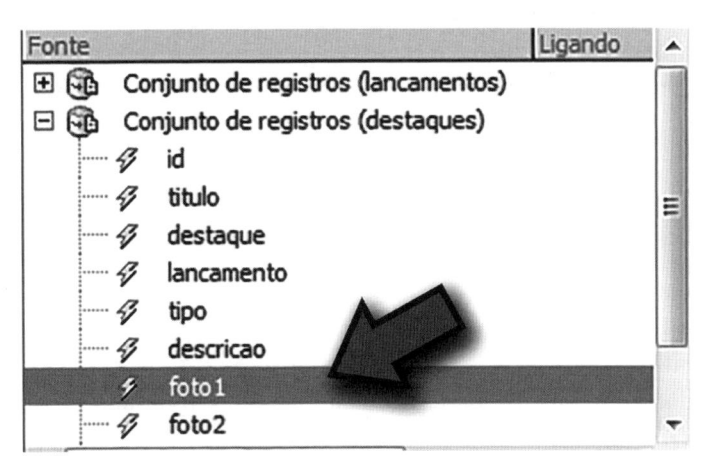

Figura 236

23. Arraste o campo **foto1** para a frente do código digitado anteriormente (Figura 237).

```
</div>
<div id="destaques"><img src="upload/</div>
```

Figura 237

Observe que o código PHP foi inserido automaticamente.

24. Feche as aspas (") e a *tag* <img> com o caractere ">", como indicado a seguir.

```
<img src="upload/<?php echo $row_destaques['foto1']; ?>">
```

O próximo passo é indicar o tamanho da imagem. Indicaremos a largura de 230 px e a altura de 145 px.

25. Dê um clique no botão "Design".

26. No painel "Propriedades", clique na caixa do item W (largura) e digite 230 (Figura 214).

27. Clique na caixa do item H (altura) e digite 145. Certifique-se de que o botão de restrição de tamanho esteja desativado (Figura 215).

28. Com a imagem referenciada, o próximo passo é exibir as demais informações do registro. Dê um clique no botão "Código" para exibir o código HTML/PHP da página **index.php**.

29. Certifique-se de que o cursor esteja posicionado após a *tag* <img>, que foi utilizada para referenciar a imagem do banco de dados, e antes da *tag* </div>.

```
</div>
<div id="staques"><img src="upload/<?php echo $row_destaques['fotol']; ?>" width="230" height=
"145"></div>
```

Figura 238

30. Digite o código **<p>** para que seja iniciado um parágrafo e digite o texto **COD**.

Agora vamos utilizar a ferramenta de texto dinâmico.

31. No painel "Ligações", clique sobre o campo **Id** da consulta **destaques** (Figura 239).

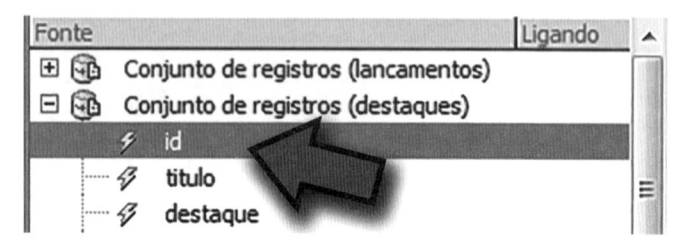

Figura 239

32. Clique no botão "Inserir" (Figura 240).

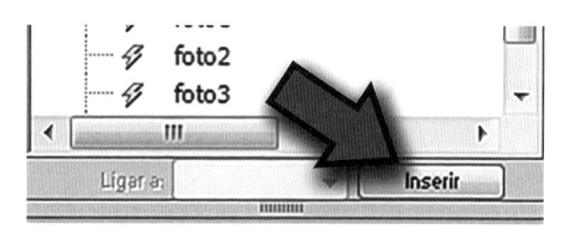

Figura 240

33. Clique no botão "Design" para visualizar o layout do website.

Observe pelo modo "Design" que o campo **id** da consulta **destaques** foi exibido (Figura 241).

Figura 241

34. Pressione as teclas Shift + Enter para inserir automaticamente no código HTML do site a *tag*
, que equivale a uma quebra de linha.

O próximo passo é inserir o campo **titulo**.

35. Clique no campo **titulo** no painel "Ligações".
36. Clique no botão "Inserir".
37. Pressione as teclas Shift + Enter para inserir uma quebra de linha.
38. Digite o texto **R$** e insira o campo **preco**, como indicado na Figura 242.

Figura 242

39. Pressione as teclas Shift + Enter duas vezes para inserir duas quebras de linha.

Vamos inserir uma imagem que será utilizada como link para o arquivo **deta-lhes.php**.

40. Clique no menu "Inserir", aponte para "Imagem" e selecione a opção "Imagem".
41. Selecione a imagem **btn_maisinformacoes.png** da pasta **imgs**.

Observe que a imagem foi inserida.

42. Clique no botão "Código" e feche a *tag* </p> como indicado na Figura 243.

```
<br>
<br>
<img src="imgs/btn_maisinformacoes.png" width="95" height="21"  alt=""/></p></div>
```

Figura 243

O próximo passo é inserir a região repetitiva.

1. Selecione todo o código entre as *tags* <div id="destaques"> e </div>, como indicado na Figura 244.

```
<div id="destaques"><img src="upload/<?php echo $row_destaques['foto1']; ?>" width="230" height=
"145">
  <p> Cód. <?php echo $row_destaques['id']; ?><br>
    <?php echo $row_destaques['titulo']; ?>  <br>
    R$ <?php echo $row_destaques['preco']; ?>
    <br>
    <br>
    <img src="imgs/btn_maisinformacoes.png" width="95" height="21"  alt=""/></p></div>
```

Figura 244

2. Clique na ferramenta "Região repetitiva" no painel "Comportamentos de servidor" (Figura 245).

Figura 245

Ao clicar na ferramenta, observe que uma nova janela será exibida.

3. Selecione a consulta **destaques** no item "Conjunto de registros".

Figura 246

4. Indique **2** registros por vez e clique no botão "OK".
5. Pressione as teclas Ctrl + S para salvar as alterações no arquivo.
6. Pressione a tecla F12 para testar o funcionamento do código.

Veja que os registros foram exibidos na *div* destaques. Observe que ocorreu um problema com a acentuação do conteúdo exibido do banco de dados (Figura 247).

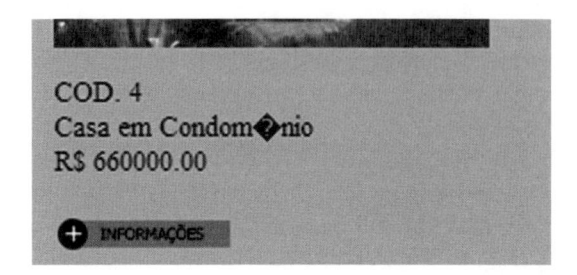

Figura 247

11.1. Selecionando o sistema de caracteres

Quando utilizamos o PHP, devemos indicar qual o sistema de caracteres que será utilizado. Este procedimento é utilizado para evitar incompatibilidade de acentuação com os dados armazenados no banco de dados.

Vamos inserir na primeira linha do código desta página o comando PHP que irá indicar o sistema de caracteres responsável por exibir corretamente a acentuação da língua portuguesa.

1. Clique no botão "Código" para exibir o código da página.
2. Insira na primeira linha do código da página a linha a seguir (Figura 248).

```
<?php header("Content-Type: text/html; charset=ISO-8859-
1",true);?>
```

```
1  <?php header("Content-Type: text/html; charset=ISO-8859-1",true);?>
2  <?php require_once('Connections/avenida.php'); ?>
3  <?php
4  if (!function_exists("GetSQLValueString")) {
5  function GetSQLValueString($theValue, $theType, $theDefinedValue = "", $theNotDefinedValue = "")
```

Figura 248

O próximo passo é indicar o mesmo sistema de código na *tag* <meta> do código HTML.

3. Altere o sistema de código **utf-8** para **ISO-8859-1** na *tag* <meta> no atributo *charset*, como indicado na Figura 249.

```
<head>
<meta charset="ISO-8859-1">
<meta name="robots" content="all">
```

Figura 249

4. Pressione as teclas Ctrl + S para salvar as alterações no arquivo.
5. Pressione a tecla F12. Observe que o problema de acentuação foi resolvido.

Esse procedimento deve ser realizado em todas as páginas onde forem exibidas informações do banco de dados.

Agora vamos formatar o campo de texto dinâmico **lancamentos.preco** e **destaques.preco** para o formato de moeda.

11.2. Comando *number_format*

O comando PHP *number_format* formata um número com os parâmetros indicados. Indicaremos os parâmetros do formato de moeda na exibição dos textos dinâmicos **lancamentos.preco** e **destaques.preco**.

1. No modo "Design", dê um clique no campo de texto dinâmico **lancamentos.preco**.

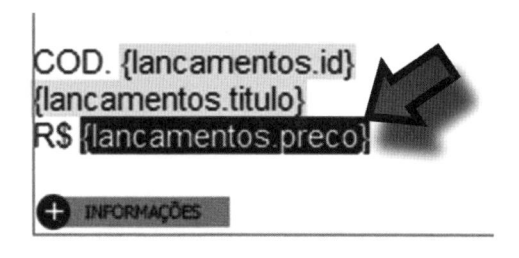

Figura 250

2. Dê um clique no botão "Código".
3. Altere o código $row_lancamentos['preco']; para:

```
number_format($row_lancamentos['preco'],2,',','.');
```

Observe o resultado na Figura 251.

```
<?php echo $row_lancamentos['titulo']; ?><br>
R$ <?php echo number_format($row_lancamentos['preco'],2,',','.'); ?><br>
<br>
```

Figura 251

Vamos entender os parâmetros indicados no comando *number_format*.

$row_lancamentos['preco']	Campo de texto dinâmico onde será aplicada a formatação.
2	Número de casas decimais.
, (vírgula)	Indica qual caractere será utilizado como separador de casas decimais.
. (ponto)	Indica qual caractere será utilizado como separador de milhares.

Vamos testar o funcionamento do código.

4. Pressione as teclas Ctrl + S para salvar as alterações.

Observe que, na *div* lancamentos, os campos de texto dinâmicos formatados apresentam a formatação indicada.

O próximo passo é repetir esse procedimento com o campo de texto dinâmico **destaques.preco**.

5. No modo design, dê um clique no campo de texto dinâmico **destaques. preco**.

6. Dê um clique no botão "Código".

7. Altere o código $row_destaques['preco']; para:

```
number_format($row_destaques['preco'],2,',','.');
```

8. Pressione as teclas Ctrl + S para salvar as alterações no arquivo.

9. Pressione a tecla F12 para testar o funcionamento do código.

Capítulo 12

Arquivo detalhes.php

Neste capítulo criaremos o arquivo **detalhes.php**. Neste arquivo serão exibidas todas as informações de um imóvel selecionado pelo usuário do website na página Home e nas demais páginas do website. O arquivo **detalhes.php** irá exibir as informações de um único registro que será filtrado pelo campo **id** utilizando uma referência que será enviada pela URL. Inicialmente vamos inserir a referência ao registro que deverá ser exibida pelo arquivo **detalhes.php** no link da imagem "Mais Informações", no arquivo **index.php**.

1. Abra o arquivo **index.php**.
2. Dê um clique na imagem "Mais Informações" da *div* lancamentos para selecioná-la (Figura 252).

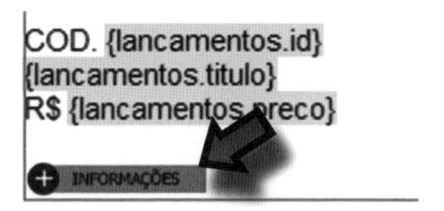

Figura 252

3. No painel "Propriedades", clique no caixa de texto da opção "Link" e digite **detalhes.php** (Figura 253).

Figura 253

4. Dê um clique no botão "Código".

5. No código <a href="detalhes.php"> vamos indicar o campo **id** como referência na URL. Digite o código **?id=**, como indicado na Figura 254.

```
<a href="detalhes.php?id="><img src="imgs/btn_maisinformacoes.png"
```

Figura 254

6. No painel "Ligações", clique no campo **id** da consulta **lancamentos** e deixe o botão do mouse pressionado (Figura 255).

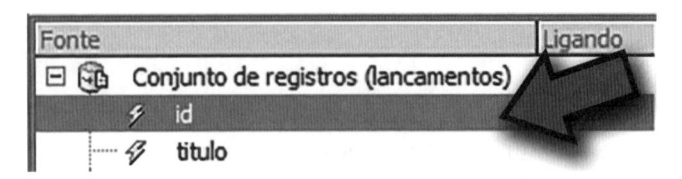

Figura 255

7. Arraste o comando **id** para a frente do código digitado anteriormente (Figura 256).

```
<a href="detalhes.php?id="><img src="imgs/btn_maisir
<?php } while ($row_lancamentos = mysql_fetch_assoc($1
iv>
```

Figura 256

Observe que o código do link ficará definido da seguinte forma:

```
<a href="detalhes.php?id=<?php echo $row_lancamentos['id'];
?>">
```

8. Dê um clique no botão "Design".

9. No painel de propriedades, indique em destino a opção **_self**, como indicado na Figura 257. A opção **_self** fará com que o link seja aberto na mesma aba do arquivo **index.php**.

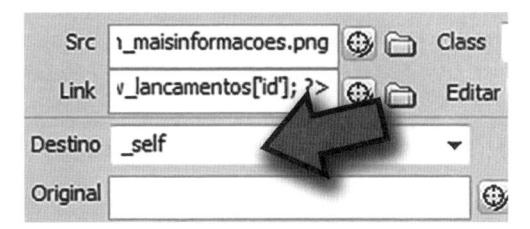

Figura 257

Vamos realizar a mesma operação com a imagem "Mais Informações" da *div* destaques.

10. Clique na imagem "Mais Informações" da *div* destaques para selecioná-la.

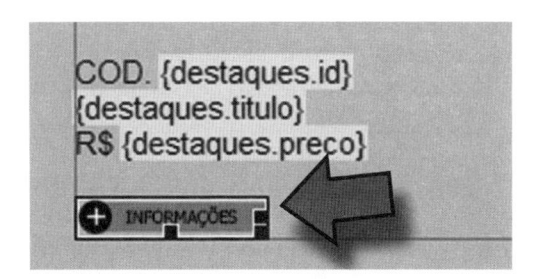

Figura 258

11. No painel "Propriedades", clique na caixa de texto da opção "Link" e digite **detalhes.php** (Figura 259).

Figura 259

12. Dê um clique no botão "Código".
13. No código <a href="detalhes.php"> vamos indicar o campo **id** como referência na URL. Digite o código **?id=**, como indicado na Figura 260.

```
<a href="detalhes.php?id="><img src="imgs/btn_maisinformacoes.png"
```

Figura 260

14. No painel "Ligações", clique no campo **id** da consulta **destaques**, e deixe o botão do mouse pressionado (Figura 261).

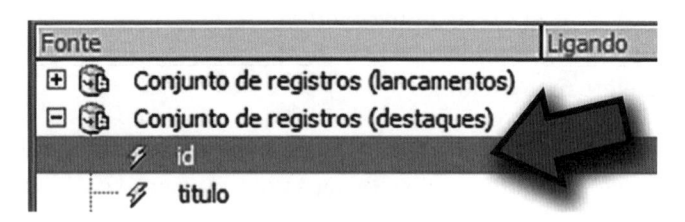

Figura 261

15. Arraste o comando id à frente do código digitado anteriormente (Figura 262).

```
<a href="detalhes.php?id="><img src="imgs/btn_maisinformacoes.png"
<?php } while ($row_destaque = mysql_fetch_assoc($destaques)); ?>
iv>
```

Figura 262

Observe que o código do link ficará definido da seguinte forma:

```
<a href="detalhes.php?id=<?php echo $row_destaques['id'];
?>">
```

16. Dê um clique no botão "Design".
17. No painel de propriedades, indique em destino a opção "_self", como indicado na Figura 259.
18. Pressione as teclas Ctrl + S para salvar as alterações no arquivo.

O próximo passo é criar o arquivo **detalhes.php**. Vamos utilizar o arquivo **base. php** para criá-lo.

1. Abra o arquivo **base.php**.
2. Clique no menu "Arquivo" e selecione a opção "Salvar como".
3. Salve este arquivo com o nome de **detalhes.php.**

Vamos iniciar excluindo as *divs* lancamentos e destaques.

4. Dê um clique na *div* lancamentos para selecioná-la (Figura 154).
5. Na barra de status do Dreamweaver deve estar indicada a *div* lancamentos como selecionada, como indicado na Figura 155.

6. Pressione a tecla Delete para excluir a *div*.
7. Clique na *div* destaques para selecioná-la. (Figura 156).
8. Pressione a tecla Delete para excluí-la.
9. Clique na imagem indicada na Figura 157 para selecioná-la e pressione a tecla Delete para excluí-la.

Para o desenvolvimento do layout da página **detalhes.php** criaremos três novas *divs* e realizaremos algumas substituições na composição das *divs*.

10. No arquivo **estilo.css** digite o código a seguir:

```css
#detalhes {
        font:Arial;
        size:15px;
        width:635px;
        height:420px;
        padding-left:40px;
        padding-right:40px;
        padding-top:40px;
        background-color:#dcdcdc;
        float:left;
}

#servicos3 {
        width: 275px;
        height: 460px;
        background-color: #dfdede;
        float: right;
}

#titulos3 {
        width:990px;
        height:30px;
        background-color:#ffd200;
        clear:both;
        background-image:url(../imgs/detalhes.png);
}
```

11. Pressione as teclas Ctrl + S para salvar as alterações no arquivo.
12. No código HTML do arquivo **detalhes.php** altere o **id** da *div container* para **container2**, como indicado na Figura 263.

```
<div id="container2">
<div id="menu">
<div id="PosMenu" class="BarraMenu">
<a href="index.php"> Home </a>
```

Figura 263

13. Altere o **id** da *div* titulos para titulos3, imoveis para detalhes e servicos para servicos3.

14. Pressione as teclas Ctrl + S para salvar as alterações no arquivo **detalhes. php**.

12.1. Criando uma consulta a partir de uma referência

O próximo passo é criar a consulta que irá exibir o registro referenciado pelo link na imagem "Mais Informações", no arquivo **index.php**.

1. No painel "Ligações" clique na opção "Conjunto de registros (consulta)" (Figura 264).

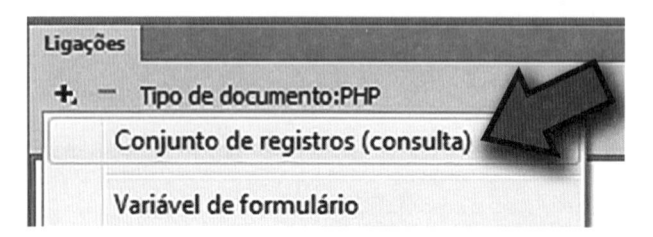

Figura 264

O próximo passo é nomear a consulta que iremos realizar.

2. Clique na caixa do item "Nome" e digite **detalhes** (Figura 265).

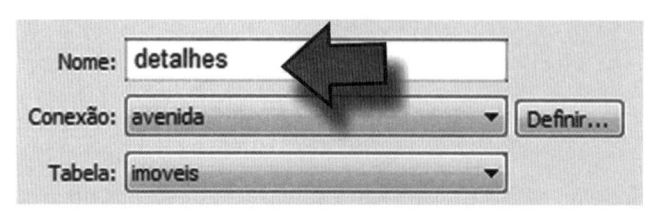

Figura 265

3. Certifique-se de que a conexão **avenida** e a tabela **imoveis** estejam selecionadas.

4. Clique na guia de seleção do item "Filtro" e selecione o campo **id**.

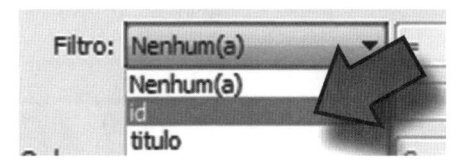

Figura 266

5. Configure o filtro indicando como "Parâmetro de URL" o campo **id**, como indicado na Figura 267.

Figura 267

Não será necessário ordenar a consulta, pois apenas um registro será exibido no arquivo **detalhes.php**.

6. Clique no botão "OK".

Depois de criada a consulta, o próximo passo é construir a forma com que o registro será exibido nesta página.

7. Dê um clique no botão "Código" para que seja exibido o código HTML/PHP da página.

8. Posicione o cursor entre as *tags* <div id="detalhes"> e </div>, como indicado na Figura 268.

Figura 268

O primeiro campo que será exibido será o campo **id**.

9. Digite o texto **COD.**
10. Clique no botão "Design".
11. Clique no campo **id** no painel "Ligações" (Figura 269).

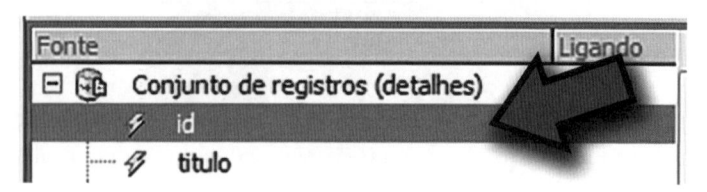

Figura 269

12. Clique no botão Inserir do painel "Ligações"
13. Pressione as teclas Shift + Enter para criar uma quebra de linha.
14. Utilizando o mesmo procedimento realizando anteriormente, insira os campos indicados na Figura 270.

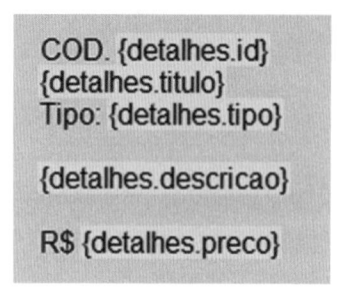

Figura 270

15. Pressione as teclas Ctrl + S para salvar as alterações no arquivo.
16. Abra o arquivo **index.php**.
17. Pressione a tecla F12 para executar o arquivo diretamente no browser.
18. Posicione o ponteiro do mouse sobre o link "Mais Informações" do primeiro registro da *div* lancamentos (Figura 271).

COD. 2
Apartamento no Centro
R$ 450.000,00

Figura 271

Observe na barra de status do browser que o **id** do registro está referenciado juntamente com o link do arquivo **detalhes.php**.

localhost/imobiliaria/detalhes.php?id=2

Figura 272

19. Clique no link "Mais Informações". Observe que o arquivo **detalhes.php** será exibido juntamente com as informações do registro selecionado.

Você observará que algumas correções deverão ser realizadas no arquivo:

a) Alterar o sistema de caracteres.
b) Exibir o formato de moeda no campo **preco**.
c) Observe também que os dados do campo **descricao** não foram exibidos da forma como foram inseridos no banco de dados. Os dados foram exibidos em uma única linha.

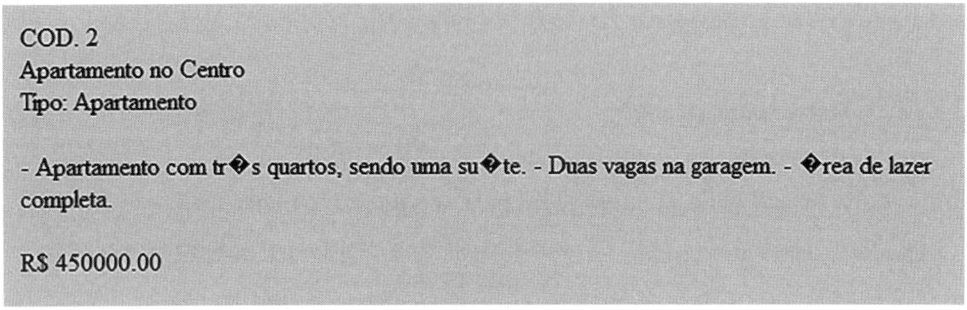
COD. 2
Apartamento no Centro
Tipo: Apartamento
- Apartamento com tr�s quartos, sendo uma su�te. - Duas vagas na garagem. - �rea de lazer completa.
R$ 450000.00

Figura 273

Vamos realizar as correções dessas observações.

20. Insira na primeira linha do código da página **detalhes.php** a linha de código a seguir. Em caso de dúvida, consulte a Figura 248.

```
<?php header("Content-Type: text/html; charset=ISO-8859-
1",true);?>
```

O próximo passo é indicar o mesmo sistema de código na *tag* <meta> do código HTML.

21. Altere o sistema de código **utf-8** para **ISO-8859-1** na *tag* <meta> no atributo *charset*, como indicado na Figura 249.

22. No modo design, dê um clique no campo de texto dinâmico **detalhes. preco** (Figura 274).

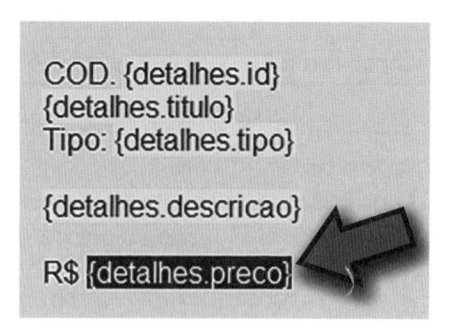

Figura 274

23. Dê um clique no botão "Código".

24. Altere o código $row_detalhes['preco']; para (em caso de dúvida, consulte a Figura 251):

```
number_format($row_detalhes['preco'],2,',','.');
```

12.2. Comando nl2br

O comando PHP nl2br insere quebras de linha HTML (<br>) antes de todas as linhas onde foi utilizada a tecla ENTER para seu preenchimento no banco de dados.

Vamos inserir este comando na exibição de texto dinâmico **detalhes.descricao**.

1. Clique no campo **detalhes.descricao** para selecioná-lo.

2. Dê um clique no botão "Código" para que seja exibido o código HTML/ PHP da página.

3. Altere o código $row_detalhes['descricao']; para

```
nl2br($row_detalhes['descricao']);
```

4. Pressione as teclas Ctrl + S para salvar as alterações no arquivo.

5. Abra o arquivo **index.php**.

6. Pressione a tecla F12.

7. Clique sobre o link "Mais Informações" de qualquer registro da página Home. Observe que as correções foram realizadas (Figura 275).

COD. 2
Apartamento no Centro
Tipo: Apartamento

- Apartamento com três quartos, sendo uma suíte.
- Duas vagas na garagem.
- Área de lazer completa.

R$ 450.000,00

Figura 275

12.3. Inserindo uma tabela

O próximo passo é mostrar as três imagens do registro. Para melhor organizar, vamos exibi-las em uma tabela.

Vamos criar uma tabela com três colunas e com apenas uma linha para exibir as imagens.

1. No arquivo **detalhes.php**, insira duas quebras de linha (Shift + Enter) abaixo da exibição do campo **preco** (Figura 276).

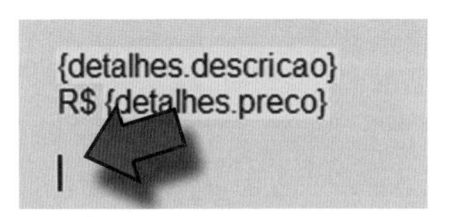

Figura 276

2. Clique no menu "Inserir" e em seguida selecione a opção "Tabela". Configure a tabela como indicado na Figura 277.

Tamanho da tabela

Linhas:	1	Colunas:	3
Largura da tabela:	80	porcentage ▼	
Espessura da borda:	0	pixels	
Preenchimento da célula:	5	▦	
Espaçamento da célula:	5	▦	

Figura 277

3. Clique no botão "OK". Observe que a tabela foi criada.
4. Posicione o cursor na primeira célula da tabela, como indicado na Figura 278.

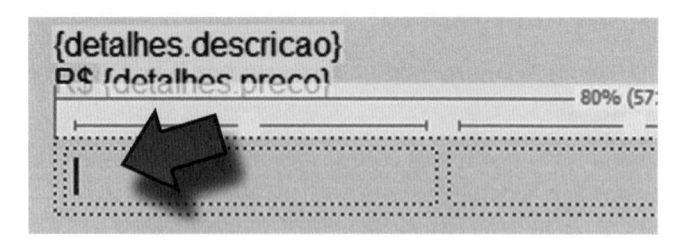

Figura 278

5. Dê um clique no botão "Código".
6. Entre as *tags* <td> e </td>, digite o código a seguir:

```
<img src="upload/<?php echo $row_detalhes['foto1']; ?>">
```

Observe que estamos exibindo a imagem "foto1" da consulta **detalhes**.

O próximo passo é informar o tamanho da imagem. Indicaremos a largura de 200 px pela altura de 126 px.

7. Dê um clique no botão "Design".
8. Dê um clique na caixa do item W (largura) no painel "Propriedades" e digite 200. Na caixa do item H (altura) digite 126 px.

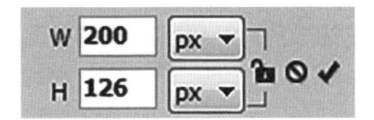

Figura 279

9. Repita este procedimento com os campos foto2 e foto3. Insira a foto2 na segunda coluna da tabela e a foto3 na terceira coluna da tabela (Figura 280).

Figura 280

Observe o código utilizado:

```
<table width="80%" border="0" cellspacing="5" cellpadding="5">
    <tr>
        <td><img src="upload/<?php echo $row_detalhes
['foto1']; ?>" width="200" height="126"></td>
        <td><img src="upload/<?php echo $row_detalhes
['foto2']; ?>" width="200" height="126"></td>
        <td><img src="upload/<?php echo $row_detalhes
['foto3']; ?>" width="200" height="126"></td>
    </tr>
</table>
```

10. Pressione as teclas Ctrl + S para salvar as alterações no arquivo.
11. Abra o arquivo **index.php**.
12. Pressione a tecla F12.
13. Clique sobre o link "Mais Informações" do registro com o código 2.

Observe que a terceira foto da tabela não será exibida (Figura 281). Isso ocorreu porque, quando inserimos os registros no banco de dados, o registro foto3 foi deixado em branco. Lembre-se de que os campos **foto1**, **foto2** e **foto3** não são campos obrigatórios, portanto o administrador do site não será obrigado a realizar o *upload* das fotos do imóvel.

Figura 281

Obs.: Este erro não será observado caso você esteja utilizando o Mozilla Firefox.

Para evitar o erro, criaremos um código que vai verificar se os campos das fotos não estão vazios. Caso os campos não estejam vazios, a imagem será exibida; caso contrário, a imagem deste campo não será referenciada.

12.4. Comando *if*

if é um comando condicional que verifica se o valor de uma expressão é verdadeira. Caso o valor seja verdadeiro, uma determinada sentença é executada.

Neste exemplo vamos verificar se os campos de fotos não estão vazios. Caso a expressão seja verdadeira (o campo não está vazio), a foto será referenciada e exibida.

1. Clique na foto1 para selecioná-la (Figura 282).

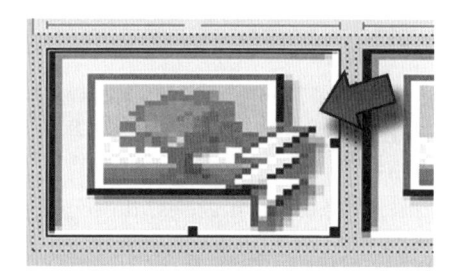

Figura 282

2. Clique no botão "Código" para exibir o código HTML/PHP da página.

3. Posicione o cursor entre as *tags* <td> e <img src="upload/<?php echo $row_detalhes['foto1']; ?>, como indicado na Figura 283.

```
<table wid        0%" border="0" cellspacing="5" cellpadding="5">
  <tr>
    <td><img src="upload/<?php echo $row_detalhes['foto1']; ?>"
    <td><img src="upload/<?php echo $row_detalhes['foto2']; ?>"
    <td><img src="upload/<?php echo $row_detalhes['foto3']; ?>"
  </tr>
```

Figura 283

4. Digite o código a seguir:

```
<?php if ($row_detalhes['foto1']<>"") {?>
```

Neste código estamos verificando se o campo **foto1** da consulta **detalhes** é diferente (<>) de vazio (""). Caso essa expressão seja verdadeira a imagem será exibida normalmente.

5. O próximo passo é fechar a expressão antes da *tag* </td>. Digite o código a seguir antes da *tag* </td>, como indicado na Figura 284.

```
<?php } ?>
```

```
<table width="80%" border="0" cellspacing="5" cellpadding="5">
  <tr>
    <td><?php if ($row_detalhes['foto1']<>"") {?><img src="upload/<?php echo
$row_detalhes['foto1']; ?>" alt="" width="200" height="126"><?php } ?></td>
    <td><img src="upload/<?php echo $row_detalhes['foto2']; ?>" alt="" width="200"
height="126"></td>
```

Figura 284

6. Este mesmo procedimento deve ser realizado com as demais imagens da página. Veja a seguir o código final do procedimento:

```
<tr>
    <td>
    <?php if ($row_detalhes['foto1']<>"") {?>
    <img src="upload/<?php echo $row_detalhes['foto1'];
?>" alt=" " width="200" height="126" />
```

```php
<?php } ?>
</td>
<td>
<?php if ($row_detalhes['foto2']<>"") {?>
<img src="upload/<?php echo $row_detalhes['foto2'];
?>" alt=" " width="200" height="126" />
<?php } ?>
</td>
<td>
<?php if ($row_detalhes['foto3']<>"") {?>
<img src="upload/<?php echo $row_detalhes['foto3'];
?>" alt=" " width="200" height="126" />
<?php } ?>
</td>
</tr>
```

7. Pressione as teclas Ctrl + S para salvar as alterações no arquivo.
8. Abra o arquivo **index.php**.
9. Pressione a tecla F12.
10. Clique sobre o link "Mais Informações" do registro de um dos registros cadastrados.

Observe que agora a imagem não é exibida.

12.5. Comando *else*

O comando PHP *else* é utilizado em conjunto com o comando *if*. Serve para executar uma determinada sentença caso a expressão verificada pelo comando *if* não seja verdadeira (falsa).

Na página **index.php** iremos verificar se o campo **foto1** utilizado nas consultas **lancamentos** e **detalhes** não estão vazios. Caso o campo não esteja vazio, a imagem inserida no banco de dados será referenciada e exibida normalmente; caso contrário (caso a expressão seja falsa e o campo esteja vazio), iremos exibir outra imagem chamada de **semfoto.png**. Desta forma, caso o administrador do site não insira a imagem foto1 do imóvel, será exibido ao usuário que este imóvel não possui imagens.

1. Abra o arquivo **index.php**.
2. Clique na imagem foto1 da *div* "lancamentos" (Figura 285).

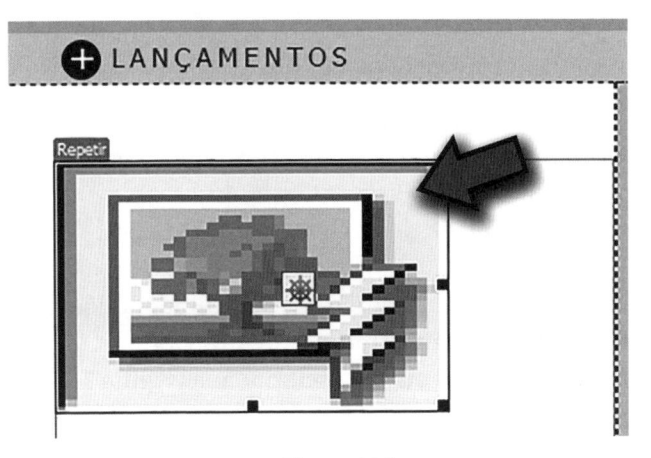

Figura 285

3. Clique no botão "Código" para exibir o código HTML/PHP da página.
4. Insira antes da *tag* <img src="upload/<?php echo $row_lancamentos['foto1']; ?>" alt=" " width="230" height="145" /> o comando a seguir:

```
<?php if ($row_lancamentos['foto1']<>"") {?>
```

5. Após a *tag* <img src="upload/<?php echo $row_lancamentos['foto1']; ?>" alt="" width="230" height="145" />, insira o código a seguir:

```
<?php }
     else { ?>
     <img src="imgs/semfoto.png" alt="Foto1" width="230"
height="145" />
     <?php } ?>
```

Observe na Figura 286 o código finalizado.

```
<div id="lancamentos">
   <?php do { ?>
   <?php if ($row_lancamentos['foto1']<>"") {?>
   <img src="upload/<?php echo $row_lancamentos['foto1']; ?>" width="230" height="145">
   <?php }
   else { ?>
   <img src="imgs/semfoto.png" alt="Foto1" width="230" height="145" />
   <?php } ?>
<p> Cód. <?php echo $row_lancamentos['id']; ?><br>
```

Figura 286

6. Pressione as teclas Ctrl + S para salvar as alterações no arquivo.

Para testar o código vamos inserir um novo registro no banco de dados com o campo **foto1** em branco.

7. Clique com o botão direito do mouse sobre o ícone do EasyPHP na barra de tarefas (Figura 24).
8. Ao ser exibido o menu de atalho, selecione a opção "Administration" (Figura 163).
9. Observe que o browser padrão será executado. Clique no link "Open" do módulo "MySQL Administration" (Figura 164).
10. Clique na tabela **imoveis** para selecioná-la (Figura 182).
11. Clique no botão "Inserir" (Figura 183).
12. Preencha um novo registro com os dados da tabela a seguir:

Título	Casa teste
Destaque	0
Lançamento	1
Tipo	Casa
Descrição	Casa teste
Foto1	
Foto2	
Foto3	
Preço	85000

13. Clique no botão "Executar" (Figura 184).
14. Feche a janela do browser.
15. No arquivo **index.php**, pressione a tecla F12. Observe que a imagem **semfoto.png** será exibida, pois o registro cadastrado não possui imagem indicada no campo **foto1** (Figura 287).

Figura 287

16. Repita este mesmo procedimento com a imagem foto1 da consulta **desta-ques**. Veja no código a seguir as alterações realizadas:

```php
<?php if ($row_destaques['foto1']<>"") {?>
    <img src="upload/<?php echo $row_destaques['foto1'];
?>" alt="" width="230" height="145" />
    <?php }
    else { ?>
    <img src="imgs/semfoto.png" alt="" width="230"
height="145" />
    <?php } ?>
```

17. Pressione as teclas Ctrl + S para salvar as alterações.

Utilizando um *Framework*

Um *framework* é um conjunto de classes utilizadas para resolver problemas comuns em diversos tipos de softwares. *Frameworks* facilitam o desenvolvimento de websites e programas, pois apresentam uma série de funcionalidades prontas para o uso, necessitando apenas de pequenas configurações para serem utilizadas. Dentre as diversas bibliotecas disponíveis na internet, neste projeto iremos utilizar uma chamada Lightbox, que utiliza o *framework* JQuery para exibir imagens e outros conteúdos da web usando caixas de diálogo modais (Figura 288).

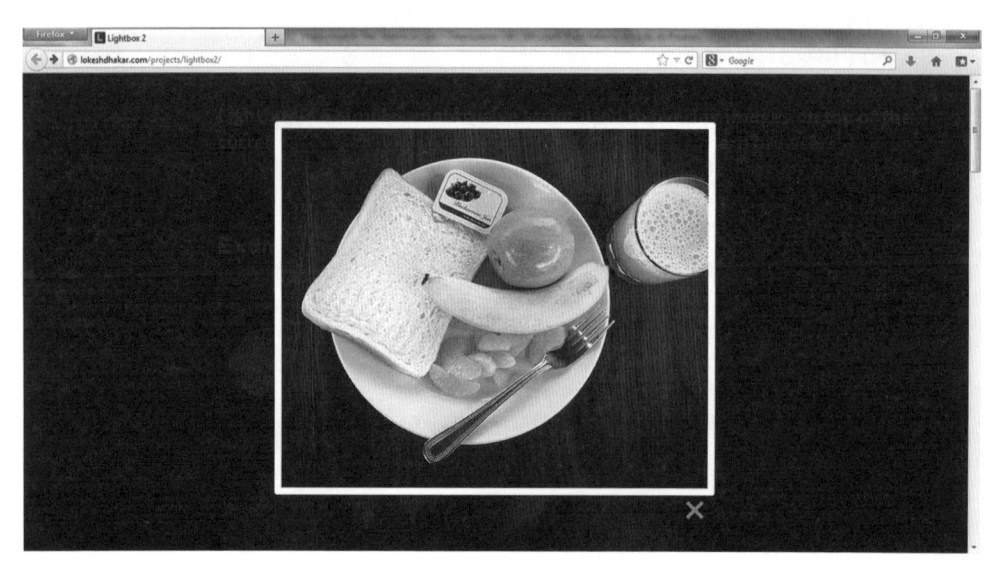

Figura 288

1. Para baixar o Lightbox, utilize a URL a seguir:

http://lightbox-js.softpile.com/105476/download ou

http://www.denilsonbonatti.com.br/livros/lightbox2.51.zip

Neste projeto utilizaremos a versão 2.51 do Lightbox.

2. Clique no botão de download (Figura 289).

Figura 289

3. Descompacte o arquivo **lightbox2.51.zip** dentro da pasta **imobiliaria**. Observe que uma nova pasta chamada **lightbox** será criada.
4. Mova a pasta **images** criada dentro da pasta **lightbox** para a pasta **imobiliaria** (Figura 290).

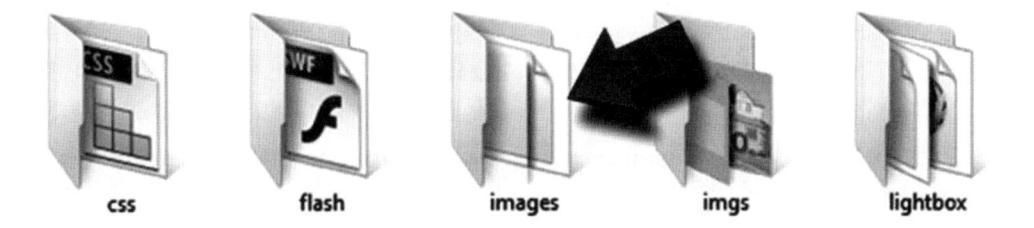

Figura 290

Usaremos o Lightbox para exibir as imagens do arquivo **detalhes.php**.

5. Abra o arquivo **detalhes.php**.
6. Clique na foto1 para selecioná-la (Figura 291).

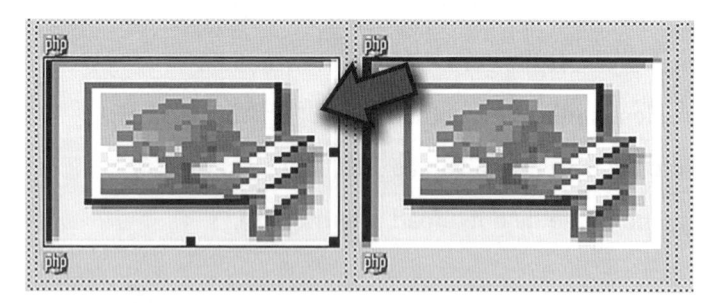

Figura 291

A foto1 é exibida no tamanho de 200 px de largura por 126 px de altura, mas esta imagem possui o tamanho real de 800 px de largura por 600 px de altura. Criaremos um link na foto1, de forma que, quando clicada, a imagem no seu tamanho real seja exibida.

7. Clique na caixa do item "Link", no painel de propriedades (Figura 292).

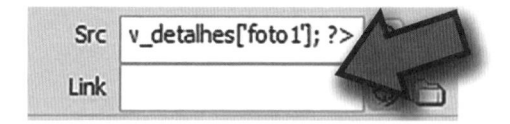

Figura 292

Digite o código a seguir para referenciar a imagem cadastrada no banco de dados.

```
upload/<?php echo $row_detalhes['foto1']; ?>
```

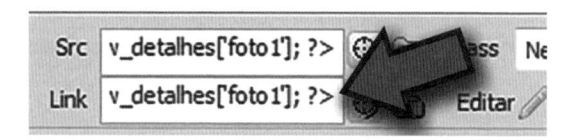

Figura 293

8. Repita esse procedimento com as imagens **foto2** e **foto3**.
9. Pressione as teclas Ctrl + S para salvar as alterações no arquivo.
10. Abra o arquivo **index.php** e pressione a tecla F12.
11. Clique sobre o link "Mais Informações" de um dos registros cadastrados.

Observe que, ao clicar na primeira imagem do registro no arquivo **detalhes. php**, a imagem será exibida em tamanho real (Figura 294).

Figura 294

O próximo passo é configurar o Lightbox para que esta imagem seja mostrada dentro de uma caixa de exibição.

A primeira coisa a fazer é carregar os arquivos **lightbox.js** e **jquery-1.7.2.min. js**, que são utilizados para a criação do efeito no arquivo **detalhes.php**.

12. No arquivo **detalhes.php**, clique no botão "Código" e digite no local indicado pela Figura 295 o código a seguir:

```
<script src="lightbox/js/jquery-1.7.2.min.js"></script>
<script src="lightbox/js/lightbox.js"></script>
```

```
<link href="imgs/favicon.png" rel="shortcut icon" "image/png"/>
<title>Imobili&aacute;ria Avenida &ndash; Compra e venda de im&oacute;veis</title>
<link href="css/estilos.css" rel="stylesheet" type="text/css">
<script src="Scripts/swfobject_modified.js" type="text/javascript"></script>
<script src="lightbox/js/jquery-1.7.2.min.js"></script>
<script src="lightbox/js/lightbox.js"></script>
```

Figura 295

A seguir é necessário vincular o arquivo CSS do Lightbox ao arquivo **detalhes. php**.

13. Digite o código a seguir no local indicado pela Figura 296.

```
<link href="lightbox/css/lightbox.css" rel="stylesheet" />
```

```
<link href="css/estilos.css" rel="stylesheet" type="text/css">
<link href="lightbox/css/lightbox.css" rel="stylesheet" />
<script src="Scripts/swfobject_modified.js" type="text/javascript"></script>
<script src="lightbox/js/jquery-1.7.2.min.js"></script>
<script src="lightbox/js/lightbox.js"></script>
```

Figura 296

14. No modo de design, clique sobre a foto1 para selecioná-la.

15. Clique no botão "Código" para exibir o código HTML/PHP da página.

16. Posicione o cursor no local indicado pela Figura 297.

```
<td><?php if ($row_detalhes['foto1']<>"") {?>
    <a href="upload/<?php echo $row_detalhes['foto1']; ?>"><img src="upload/<?php
echo $row_detalhes['foto1']; ?>" alt="" width="200" height="126"></a>
    <?php } ?>
```

Figura 297

17. Pressione a barra de espaços e digite o código a seguir.

```
rel="lightbox[detalhes]"
```

18. Repita esse procedimento com as imagens foto2 e foto3. Veja a seguir o código completo:

```
<tr>
    <td>
      <?php if ($row_detalhes['foto1']<>"") {?>
      <a href="upload/<?php echo $row_detalhes['foto1'];
?>" rel="lightbox[detalhes]"><img src="upload/<?php
echo $row_detalhes['foto1']; ?>" alt="" width="200"
height="126" /></a>
      <?php } ?>
    </td>
    <td>
      <?php if ($row_detalhes['foto2']<>"") {?>
      <a href="upload/<?php echo $row_detalhes['foto2'];
?>" rel="lightbox[detalhes]"><img src="upload/<?php
```

```
echo $row_detalhes['foto2']; ?>" alt="" width="200"
height="126" /></a>
      <?php } ?>
      </td>
      <td>
         <?php if ($row_detalhes['foto3']<>"") {?>
         <a href="upload/<?php echo $row_detalhes['foto3'];
?>" rel="lightbox[detalhes]"><img src="upload/<?php
echo $row_detalhes['foto3']; ?>" alt="" width="200"
height="126" /></a>
      <?php } ?>
      </td>
</tr>
```

19. Pressione as teclas Ctrl + S para salvar as alterações no arquivo.
20. Abra o arquivo **index.php** e pressione a tecla F12.
21. Clique sobre o link "Mais Informações" de um dos registros cadastrados.
22. Observe que ao clicar sobre qualquer imagem do registro ela será exibida utilizando o efeito do Lightbox (Figura 298).

Figura 298

Criando um Arquivo de Busca

Neste capítulo criaremos um arquivo de busca com o nome de **busca.php**. No arquivo **busca.php** criaremos uma consulta que irá utilizar como referência o que foi digitado no formulário de busca.

Vamos começar criando o layout do arquivo.

1. Abra o arquivo **base.php**.
2. Clique no menu "Arquivo" e selecione a opção "Salvar como".
3. Salve este arquivo com o nome de **busca.php**.

Vamos começar excluindo as *divs* lancamentos e destaques.

4. Dê um clique na *div* **lancamentos** para selecioná-la (Figura 154).
5. Na barra de status do Dreamweaver deve estar indicada a *div* lancamentos como selecionada, como indicado na Figura 155.
6. Pressione a tecla "Delete" para excluir a *div*.
7. Clique na *div* **destaques** para selecioná-la. (Figura 156).
8. Pressione a tecla "Delete" para excluí-la.
9. Clique na imagem indicada na Figura 157 para selecioná-la e pressione a tecla "Delete" para excluí-la.
10. Não se esqueça de alterar o sistema de código desta página. Em caso de dúvida, consulte a Figura 248.

Para o desenvolvimento do layout da página **busca.php** criaremos três novas *divs* e realizaremos algumas substituições na composição das *divs*.

11. No arquivo **estilo.css** digite o código a seguir:

```css
#busca2 {
    font:Arial;
    size:15px;
    width:635px;
    height:420px;
    padding-left:40px;
    padding-right:40px;
    padding-top:40px;
    background-color:#dcdcdc;
    float:left;
}

#servicos4 {
    width: 275px;
    height: 460px;
    background-color: #dfdede;
    float: right;
}
#titulos4 {
    width:990px;
    height:30px;
    background-color:#ffd200;
    clear:both;
    background-image:url(../imgs/busca.png);
}
```

12. Pressione as teclas Ctrl + S para salvar as alterações no arquivo.

13. No código HTML do arquivo **busca.php** altere o **id** da *div container* para container2. Em caso de dúvida consulte a Figura 160.

14. Altere o **id** da div titulos para titulos4, imoveis para busca2 e servicos para servicos4.

15. Pressione as teclas Ctrl + S para salvar as alterações no arquivo **busca. php**.

O próximo passo é criar a consulta que irá realizar a busca no banco de dados. Para que esse tipo de busca funcione, o formulário deve estar configurado com o método GET, para que o item digitado seja exibido na URL (Figura 299).

Figura 299

1. No painel "Ligações", dê um clique no botão (+) e selecione a opção "Conjunto de registros (consulta)" (Figura 300).

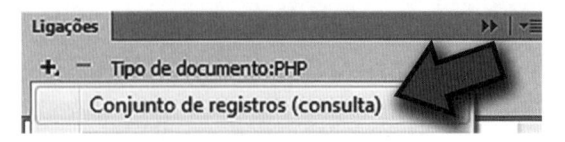

Figura 300

O próximo passo é nomear a consulta que iremos realizar.

2. Clique na caixa do item "Nome" e digite **busca** (Figura 301).

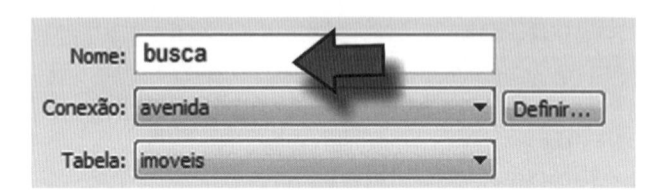

Figura 301

3. Certifique-se de que a conexão **avenida** e a tabela **imoveis** estejam selecionadas.
4. Clique na guia de seleção do item "Filtro" e selecione o campo **descricao**.

Utilizaremos o campo **descricao** porque o termo a ser procurado pelo formulário de busca será pesquisado neste campo, nos registros do banco de dados.

5. Altere os parâmetros da consulta para os indicados na Figura 302.

Figura 302

Observe que foi utilizado como parâmetro de URL o termo **campoBusca**. Foi utilizado este termo porque este é o nome do campo de texto indicado no formulário. Em caso de dúvida, consulte a Figura 133.

6. Clique no botão "OK".

Depois de criada a consulta, o próximo passo é construir a forma que os registros serão exibidos nesta página.

7. Dê um clique no botão "Código" para que seja exibido o código HTML/PHP da página.

8. Posicione o cursor entre as *tags* <div id="busca2"> e </div>.

9. Digite a *tag* <p> e o texto CÓD.

10. Selecione o campo **id** no painel "Ligações" e clique no botão "Inserir" (Figura 303).

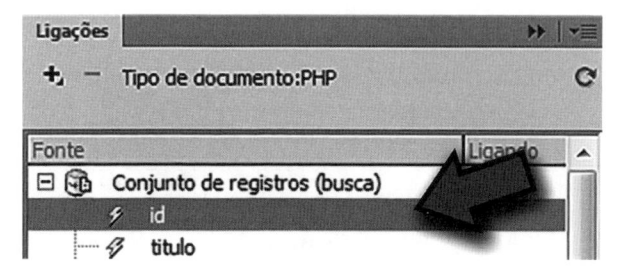

Figura 303

11. Pressione as teclas Shift + Enter para criar uma quebra de linha.

12. Com o mesmo procedimento realizado anteriormente, insira os campos indicados na Figura 304.

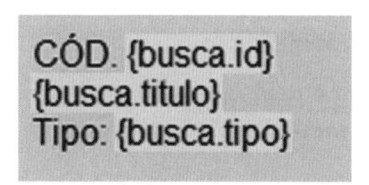

Figura 304

13. Insira a imagem btn_maisinformacoes.png da pasta imgs (Figura 305).

Figura 305

O próximo passo é criar o link que exibirá os detalhes do registro encontrado no arquivo **detalhes.php**.

14. Dê um clique na imagem "Mais Informações" para selecioná-la.

15. No painel "Propriedades", clique na caixa de texto da opção "Link" (Figura 306).

Figura 306

16. Digite o código a seguir para referenciar o campo **id** ao link **detalhes. php**.

```
detalhes.php?id=<?php echo $row_busca['id']; ?>
```

17. No painel de propriedades, indique em destino a opção **_self**. Em caso de dúvida, consulte a Figura 257.

O próximo passo é fechar a *tag* </p> e utilizar a ferramenta "Região repetitiva" para que todos os registros localizados sejam exibidos.

18. Clique no botão "Código".

19. Digite a *tag* </p> antes da *tag* </div>, como indicado na Figura 307.

```
    <a href="detalhes.php?id=<?php echo $row_busca['id']; ?>"><img src=
"imgs/btn_maisinformacoes.png" width="95" height="21" alt=""/></a></p></div>
<div id="servicos4"><img src="imgs/simulador.png" alt="" width="230" height="281"
```

Figura 307

Agora vamos utilizar a ferramenta "Região repetitiva".

20. Selecione todo o código entre as *tags* <div id="busca2"> e </div>, como indicado na Figura 308.

```
<div id="titulos4"></div>
<div id="busca2"><p> CÓD. <?php echo $row_busca['id']; ?><br>
  <?php echo $row_busca['titulo']; ?><br>
  Tipo: <?php echo $row_busca['tipo']; ?>
  <br>
  <br>
  <a href="detalhes.php?id=<?php echo $row_busca['id']; ?>"><img src=
"imgs/btn_maisinformacoes.png" width="95" height="21"  alt=""/></a></p></div>
<div id="servicos4"><img src="imgs/simulador.png"  alt="" width="230" height="281"
class="centralizar"/></div>
```

Figura 308

21. Clique na ferramenta "Região repetitiva" no painel "Comportamentos de servidor" (Figura 309).

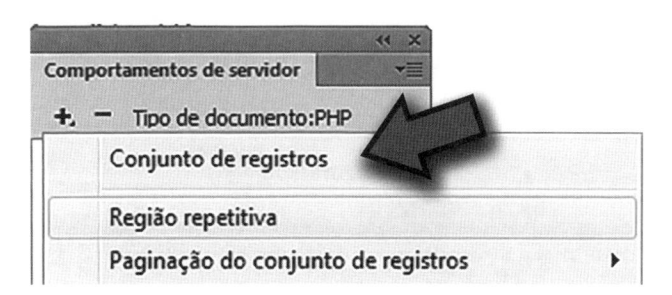

Figura 309

Ao clicar na ferramenta, observe que uma nova janela será exibida.

22. Observe na Figura 310 que a consulta **busca** foi selecionada. Indique que a região repetitiva deverá exibir todos os registros encontrados.

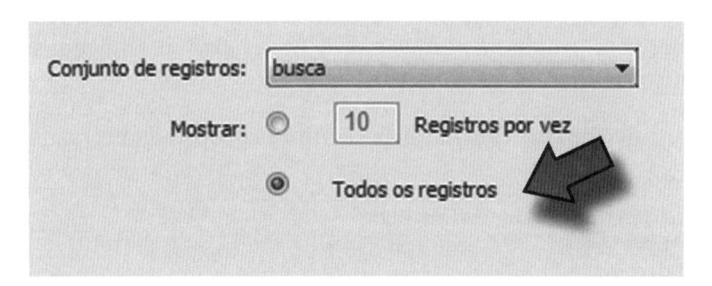

Figura 310

23. Clique no botão "OK".

24. Pressione as teclas Ctrl + S para salvar as alterações no arquivo.

Vamos testar o funcionamento da página de busca.

25. Abra o arquivo **index.php** e pressione a tecla F12.

26. Digite **suítes** no campo de busca e clique no botão "Buscar" (Figura 311).

Figura 311

Observe que o resultado da busca será apresentado.

14.1. Exibindo uma barra de rolagem vertical

Caso a busca realizada apresente uma grande quantidade de resultados, a *div* busca2 não terá o tamanho suficiente para comportar os elementos exibidos (Figura 312).

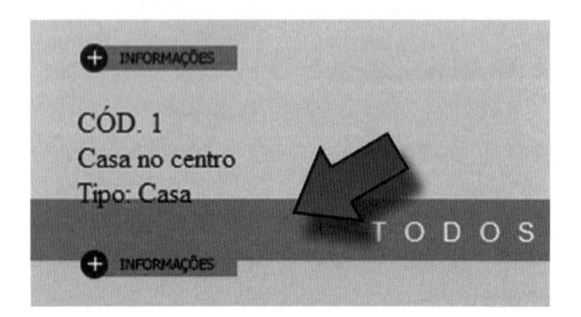

Figura 312

Para resolver este problema vamos exibir uma barra de rolagem vertical na *div* busca2.

1. No arquivo **estilo.css** insira as seguintes propriedades na definição da *div* busca2:

```
max-height:420px;
overflow-y:auto;
```

```
#busca2 {
    font:Arial;
    size:15px;
    width:635px;
    height:420px;
    max-height:420px;
    overflow-y:auto;
    padding-left:40px;
    padding-right:40px;
```

Figura 313

A propriedade *max-height* define a altura máxima que a *div* busca2 poderá ter e a propriedade *overflow-y*, com o valor definido como *auto*, exibirá uma barra de rolagem vertical caso seja necessário.

2. Pressione as teclas Ctrl + S para salvar as alterações no arquivo.

Vamos testar o funcionamento da página de busca.

3. Abra o arquivo **index.php** e pressione a tecla F12.
4. Digite **garagem** no campo de busca e clique no botão "Buscar".

Como o número de resultados excede a altura da *div* busca2, uma barra de rolagem vertical será exibida (Figura 314).

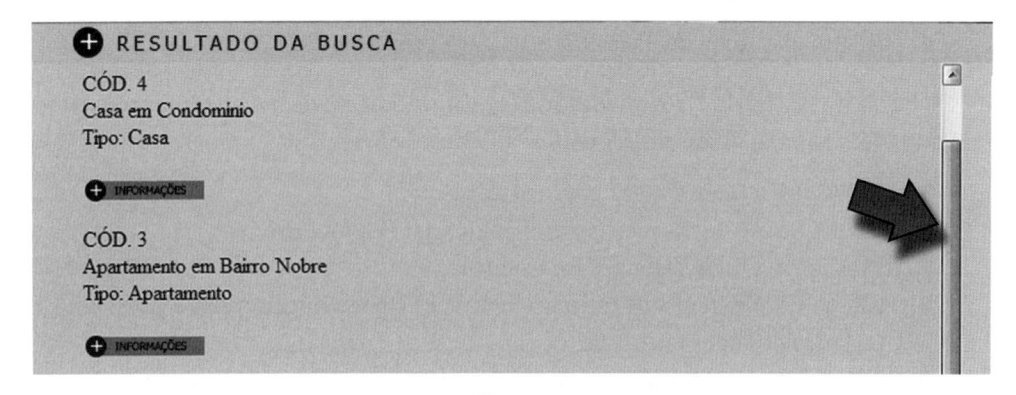

Figura 314

Criando um Formulário de Contato

Neste capítulo criaremos o arquivo **contato.php,** que conterá um formulário de contato onde os dados preenchidos serão enviados por e-mail.

Vamos iniciar criando o layout do arquivo **contato.php**.

1. Abra o arquivo **base.php**.
2. Clique no menu "Arquivo" e selecione a opção "Salvar como".
3. Salve este arquivo com o nome de **contato.php**.

Vamos iniciar excluindo as *divs* lancamentos e destaques.

4. Dê um clique na *div* lancamentos para selecioná-la (Figura 154).

Na barra de status do Dreamweaver deve estar indicada a *div* lancamentos como selecionada. Em caso de dúvida consulte a Figura 155.

5. Pressione a tecla Delete para excluir a *div*.
6. Clique na *div* destaques para selecioná-la. (Figura 156).
7. Pressione a tecla Delete para excluí-la.
8. Clique na imagem indicada na Figura 157 para selecioná-la e pressione a tecla Delete para excluí-la.
9. Não se esqueça de alterar o sistema de código desta página. Em caso de dúvida consulte a Figura 248.

Para o desenvolvimento do layout da página **contato.php** criaremos duas novas *divs* e realizaremos algumas substituições na composição das *divs*.

10. No arquivo **estilo.css** digite o código a seguir:

```css
#contato {
      font:Arial;
      size:15px;
      width:635px;
      height:420px;
      padding-left:40px;
      padding-right:40px;
      padding-top:40px;
      background-color:#dcdcdc;
      float:left;
}

#titulos5 {
      width:990px;
      height:30px;
      background-color:#ffd200;
      clear:both;
      background-image:url(../imgs/contato.png);
}
```

11. Pressione as teclas Ctrl + S para salvar as alterações no arquivo.

12. No código HTML do arquivo **contato.php** altere o **id** da *div container* para container2. Em caso de dúvida consulte a Figura 160.

13. Altere o **id** da *div* títulos para titulos5, imoveis para contato e servicos para servicos4.

14. Pressione as teclas Ctrl + S para salvar as alterações no arquivo **contato.php**.

O próximo passo é criar o formulário.

15. Dê um clique no botão "Código" para exibir o código HTML/PHP da página.

16. Posicione o cursor entre as *tags* <div id="contato"> e </div> (Figura 315).

```
</div>
<div id="titulos5"><

<div id="contato"></div>

<div id="servicos4"><img src="
 Gratuita" width="230" height=
div>
```

Figura 315

17. Clique no menu "Inserir", aponte para "Formulário" e clique na opção Formulário.

18. Dê um clique no botão "Design".

19. Configure o novo formulário como indicado na Figura 316.

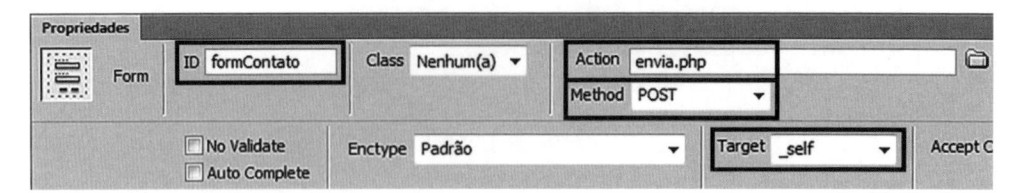

Figura 316

Para melhor organizar o formulário, vamos incorporá-lo dentro de uma tabela.

20. Clique no menu "Inserir" e selecione a opção "Tabela".

21. Configure a tabela como indicado na Figura 317.

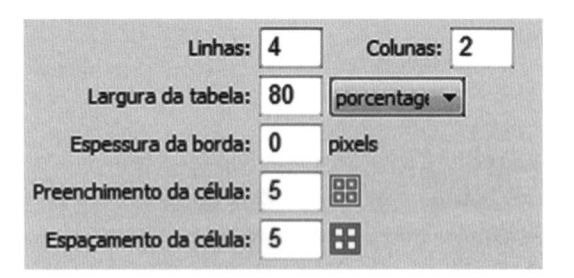

Figura 317

22. Clique no botão "OK".

23. Digite os textos indicados na Figura 318.

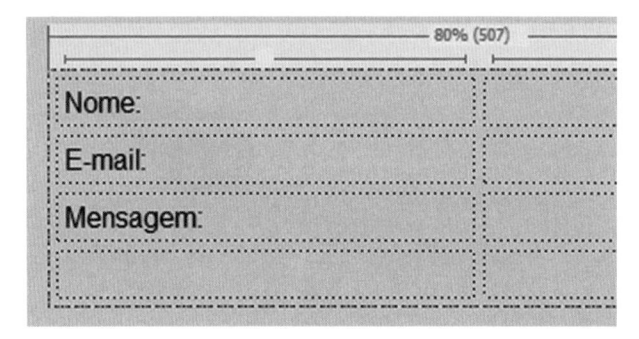

Figura 318

24. Diminua a largura da primeira coluna da tabela, como indicado na Figura 319.

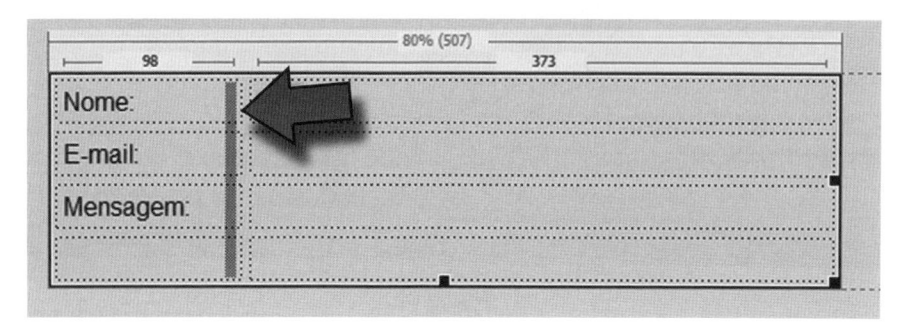

Figura 319

25. Posicione o cursor na primeira linha da segunda coluna da tabela.

Vamos inserir o campo de texto que será utilizado para que o usuário preencha o seu nome.

26. Clique no menu "Inserir", aponte para "Formulário" e clique na opção "Texto".

27. Configure o campo de texto pelo painel "Propriedades", como indicado na Figura 320.

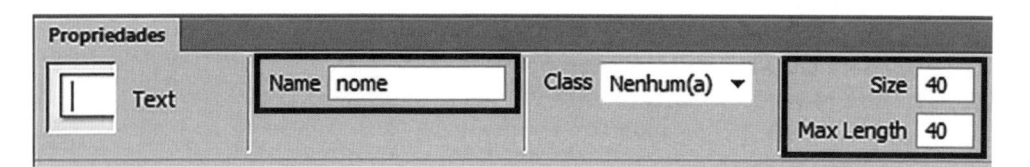

Figura 320

28. Exclua o texto "Text Field:" inserido automaticamente antes do campo de texto (Figura 321).

Figura 321

29. Clique na segunda linha da segunda coluna da tabela para posicionar o cursor.

30. Clique no menu "Inserir", aponte para "Formulário" e clique na opção "Email".

31. Configure o campo de texto como indicado na Figura 322.

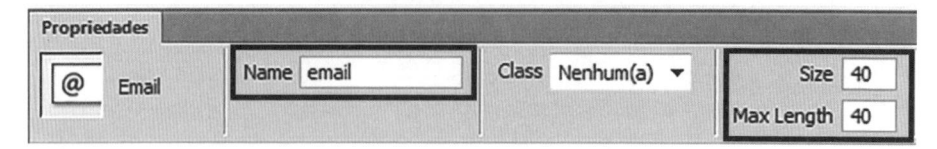

Figura 322

32. Exclua o texto "Email:" inserido automaticamente antes do campo de texto (Figura 323).

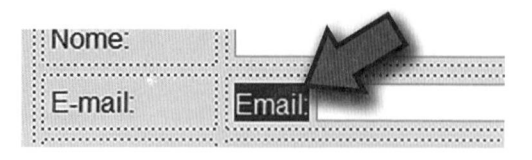

Figura 323

Agora vamos criar o campo mensagem.

1. Clique na terceira linha da segunda coluna da tabela para posicionar o cursor.

2. Clique no menu "Inserir", aponte para "Formulário" e clique na opção "Área de Texto".

3. Configure o campo **mensagem** como indicado na Figura 324.

Figura 324

4. Exclua o texto "Text Area:" inserido automaticamente antes do campo de texto.

O próximo passo é criar o botão que enviará os dados preenchidos no formulário para o arquivo **envia.php**.

5. Clique na quarta linha da segunda coluna da tabela para posicionar o cursor.
6. Clique no menu "Inserir", aponte para "Formulário" e clique na opção "Botão Enviar".
7. Configure o botão **enviar** como indicado na figura 325.

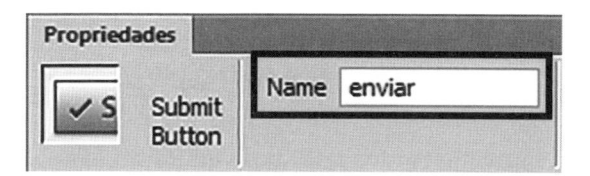

Figura 325

15.1. Validando campos

Para evitar que o usuário do website deixe de preencher os campos nome e e-mail, que serão obrigatórios, criaremos uma validação. Para tal, no Dreamweaver é possível utilizar os novos recursos de validação de formulários presentes no HTML5.

1. Clique sobre o campo **nome** para selecioná-lo.
2. No painel "Propriedades", selecione a opção "Required", como indicado na Figura 326.

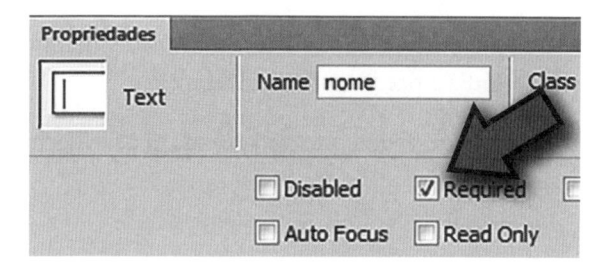

Figura 326

3. O próximo passo é criar a validação para o campo de e-mail. Clique nele para selecioná-lo.

4. No painel "Propriedades", selecione a opção "Required", como indicado na Figura 327.

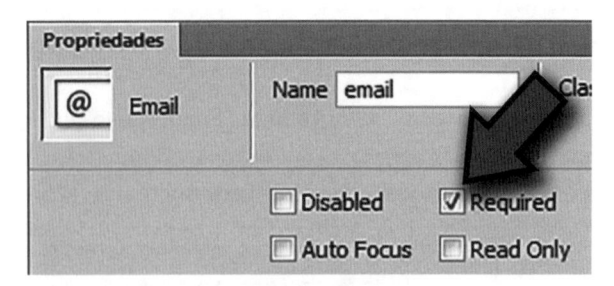

Figura 327

No campo da mensagem, vamos criar uma limitação para a mensagem de 255 caracteres.

5. Clique no campo **mensagem** para selecioná-lo.

6. No painel "Propriedades", selecione a opção "Required", e indique o tamanho máximo para a mensagem no campo "Max Length", como indicado na Figura 328.

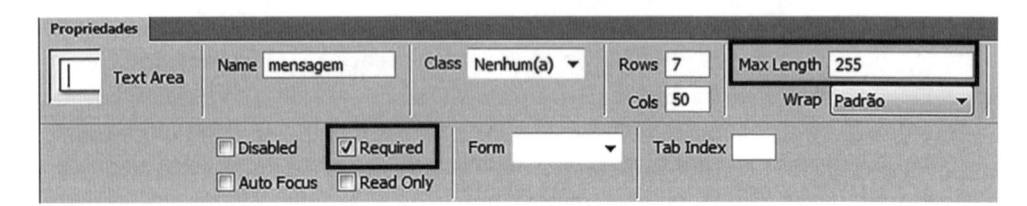

Figura 328

7. Pressione Ctrl + S para salvar as alterações no arquivo.

8. Pressione a tecla F12 para testar as alterações.

Caso o usuário tente enviar dados que não atendam às especificações indicadas, serão exibidas mensagens de erro (Figura 329).

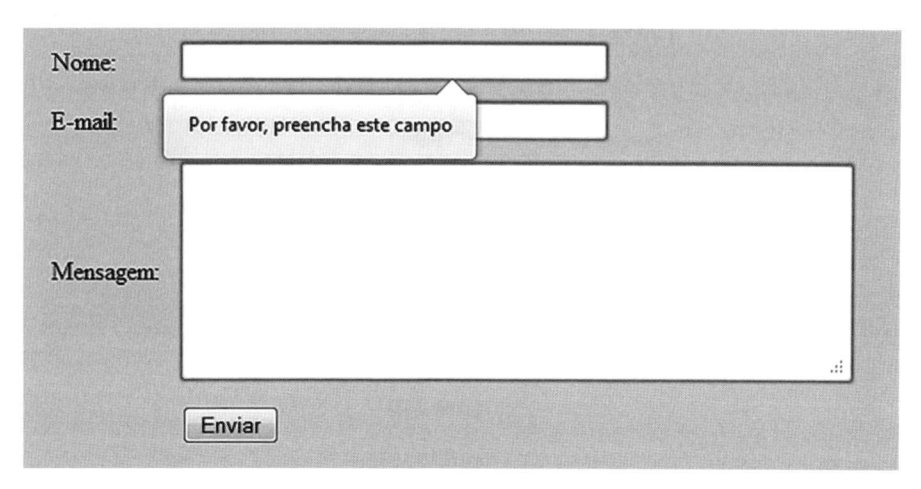

Figura 329

15.2. Enviando dados de um formulário para um e-mail

Para enviar dados de um formulário para um e-mail, é necessário configurar um e-mail de origem que será responsável por enviar as mensagens para um e-mail de destino. Pode-se utilizar um mesmo e-mail para ser o disparador e o receptor das mensagens. Mas para utilizar um e-mail como disparador é necessário validá-lo no servidor, ou seja, é preciso indicar as suas configurações SMTP, incluindo o nome de usuário e a senha para acessá-lo. Este procedimento é necessário para evitar que o e-mail de origem seja utilizado por pessoas não autorizadas para enviar e-mails, spams, vírus, etc.

Para realizar esse procedimento usaremos o PHPMailer, que é uma classe pronta para envio de e-mails através do PHP via conexão SMTP, muito utilizado por todo o mundo. Envios via PHP por este método é mais recomendado do que a utilização padrão via comando *mail()* do PHP.

1. Inicialmente vamos baixar os arquivos necessários para utilizar o PHP-Mailer. Abra o seu browser padrão de navegação e digite a URL a seguir:

https://github.com/Synchro/PHPMailer

2. Ao ser exibida a página, clique no botão "Download ZIP", como indicado na Figura 330.

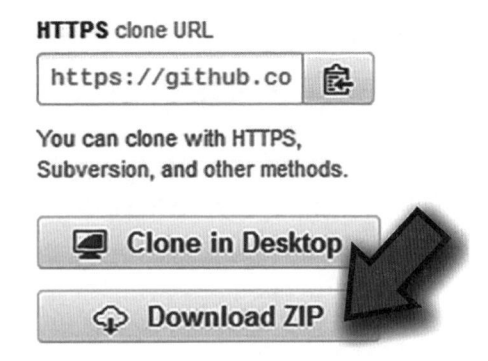

Figura 330

3. Baixe o arquivo. Copie os arquivos **class.phpmailer.php**, **class.pop3. php** e **class.smtp.php** (Figura 331) para uma nova pasta com o nome de **phpmailer** dentro da pasta **imobiliaria.**

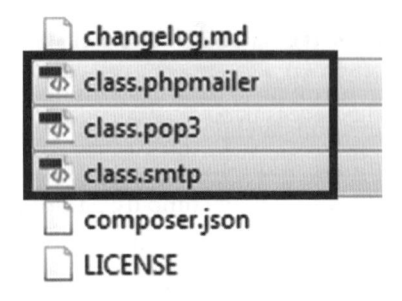

Figura 331

O próximo passo é criar o arquivo **envia.php**.

4. No Dreamweaver, clique no menu "Arquivo" e selecione a opção "Novo".
5. Clique sobre o botão "Página em branco" e selecione na coluna "Tipo da página" a opção PHP e, na coluna Layout, a opção "<nenhum(a)>" (Figura 29).

6. Clique no botão "Criar".
7. Apague **todo** o código desta página.
8. Salve este arquivo na pasta **imobiliaria** com o nome de **envia.php**.

O próximo passo é incluir neste arquivo os recursos da classe PHPMailer pelo arquivo **class.phpmailer.php.**

9. Digite o código PHP a seguir:

```php
<?php
    require('phpmailer/class.phpmailer.php');
```

Após incluir a classe, vamos configurar os seus recursos. Vamos configurar como disparador um e-mail do Gmail. Inicialmente vamos indicar os parâmetros de envio pelo protocolo SMTP.

10. Digite o código a seguir:

```php
$mail = new PHPMailer();
$mail->IsSMTP();
$mail->SMTPAuth = true;
$mail->SMTPSecure = 'ssl';
$mail->Host = 'smtp.gmail.com';
$mail->Port = 465;
```

Observe que no parâmetro *Host* foi indicado o endereço '**smtp.gmail.com**' e na propriedade *Port* foi indicado o valor **465**. Essas são as configurações de utilização para um e-mail do servidor Gmail. Caso você utilize um e-mail de um servidor diferente, para essa operação é necessário saber o endereço SMTP e a porta utilizada do servidor escolhido. Procure essas informações no site de seu servidor de e-mail.

O próximo passo é indicar o e-mail que será utilizado como disparador, o nome de usuário de acesso ao e-mail (normalmente o nome de usuário é o e-mail) e a senha.

11. Pressione a tecla Enter e digite o código a seguir:

```php
$mail->SetFrom('seuemail@gmail.com', 'Disparador');
$mail->Username = 'seuemail@gmail.com';
$mail->Password = 'suasenha';
```

Agora vamos indicar qual será o e-mail que receberá as mensagens enviadas. Neste exemplo vamos utilizar um e-mail diferente, mas pode-se utilizar o mesmo e-mail para enviar e receber as mensagens.

12. Digite o código a seguir para indicar o *e-mail receptor*:

```php
$mail->AddAddress('seuemail@hotmail.com', 'Receptor');
```

O próximo passo é compor a mensagem que será enviada. Vamos criar variáveis que irão receber os dados cadastrados no formulário do arquivo **contato.php** pelo método POST.

13. Pressione a tecla Enter e digite o código a seguir:

```
$recebe_nome = $_POST['nome'];
$recebe_email = $_POST['email'];
$recebe_mensagem = $_POST['mensagem'];
```

Após indicar as variáveis que irão receber os dados enviados pelo formulário, vamos compor a mensagem que será enviada.

14. Pressione a tecla Enter e digite o código a seguir:

```
$mail->Subject='Contato pelo site';
$mail->MsgHTML('Nome:' . $recebe_nome . '<br>' . 'e-mail:' .
$recebe_email . '<br>' . 'Mensagem:' . $recebe_mensagem);
```

Para finalizar, vamos utilizar o comando para enviar o e-mail e indicar quais mensagens serão exibidas caso o e-mail seja enviado com sucesso ou algum erro ocorra. Caso o e-mail seja enviado corretamente, após a mensagem de sucesso será exibido ao usuário a página **index.php**. Caso ocorra algum erro, após a mensagem o arquivo **contato.php** será exibido novamente.

15. Pressione a tecla Enter e digite o código a seguir:

```
if ($mail->Send()) {
        echo "<script type='text/javascript'>
        alert('Mensagem enviada com sucesso!!');
        </script>";
    echo "<meta http-equiv='refresh' content='2;URL=index.
php'>";
    }

    else {
        echo "<script type='text/javascript'>
        alert('Ocorreu um erro no envio!!');
        </script>";

    echo "<meta http-equiv='refresh'
content='2;URL=contato.php'>";
    }
?>
```

16. Pressione Ctrl + S para salvar as alterações no arquivo.

17. Abra o arquivo **contato.php**, pressione a tecla F12 e teste o funcionamento do código.

Observe que uma mensagem será enviada para o e-mail cadastrado como destino com os dados digitados no formulário (Figura 332).

Contato pelo site

Disparador (@gmail.com) Adicionar a contatos 11:13

Para: Receptor

Nome:José da Silva
e-mail:teste@teste.com.br
Mensagem:Testando o email

Figura 332

Capítulo 16

Formulário de Logon

Neste capítulo serão abordadas as ferramentas utilizadas para a criação de um formulário de logon para uma área restrita. Na área restrita deste website estarão os arquivos PHP que serão responsáveis pelo gerenciamento do conteúdo dinâmico do site. Somente os administradores do website poderão ter acesso a esta área restrita.

A área administrativa do site será acessada a partir de uma pasta que chamaremos de **adm**. Desta forma, quando este site for hospedado, a pasta **adm** deverá ser indicada no endereço URL para que o administrador tenha acesso ao logon – por exemplo, suponhamos que o endereço do site seja www.avenidaimobiliaria.com.br; para ter acesso à área administrativa, o usuário terá que indicar a URL www.cidadeimobiliaria.com.br/adm.

Para que não seja necessário criar um layout para a área administrativa, iremos utilizar os arquivos da pasta **adm**. Nesses arquivos o layout já está definido pelos mesmos métodos utilizados anteriormente.

1. Abra o arquivo **index.php** da pasta **adm**.
2. Dê um clique no botão "Código". Posicione o cursor entre as *tags* <div id="adm"> e </div>.

Vamos criar um formulário que conterá uma pequena tabela com o formulário de logon.

3. Clique no menu "Inserir", aponte para "Formulário" e clique na opção "Formulário".
4. Dê um clique no botão "Design".

5. Configure o formulário como indicado na Figura 333. Observe que não será necessário configurar o campo "Action". Realizaremos esta operação mais adiante.

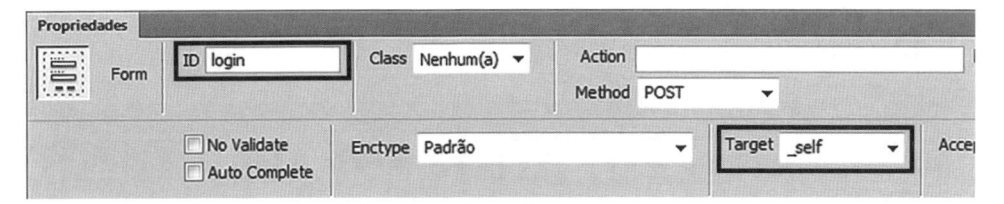

Figura 333

O próximo passo é criar a tabela que irá incorporar o formulário.

6. Clique no menu "Inserir" e selecione a opção "Tabela".
7. Crie a tabela utilizando a configuração indicada na Figura 334.

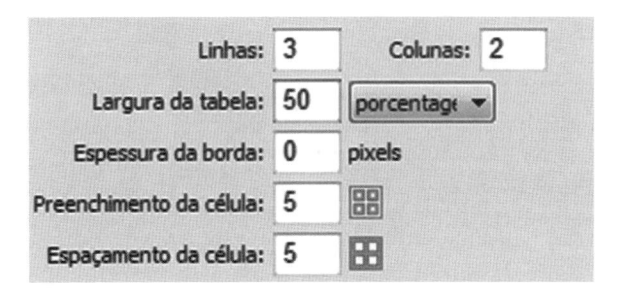

Figura 334

8. Clique no botão "OK".
9. Na primeira coluna da tabela digite os textos **Usuário:** e **Senha:**, como indicado na Figura 335.

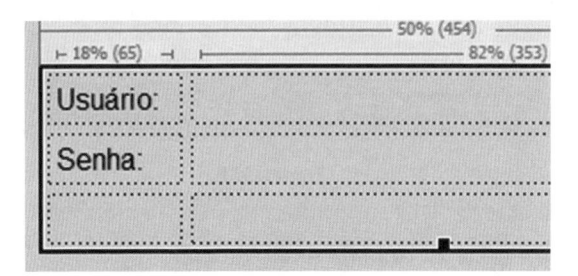

Figura 335

Vamos criar a caixa de texto para o preenchimento do nome do usuário.

10. Posicione o cursor na segunda coluna da primeira da tabela.

11. Clique no menu "Inserir", aponte para "Formulário" e selecione a opção "Texto".

12. Configure este campo de texto como indicado na Figura 339.

Figura 336

13. Exclua o texto "Text Field:" inserido automaticamente antes da caixa de texto (Figura 337).

Figura 337

14. Posicione o cursor na segunda coluna da segunda linha da tabela.

15. Clique no menu "Inserir", aponte para "Formulário" e selecione a opção "Senha".

16. Configure este campo de texto como indicado na Figura 338.

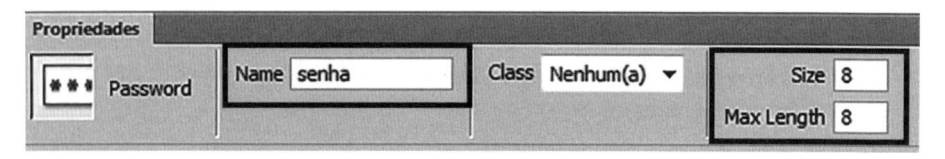

Figura 338

O próximo passo é criar o botão de envio de dados.

17. Exclua o texto "Password:" inserido automaticamente antes da caixa de texto.

18. Posicione o cursor na segunda coluna da terceira linha da tabela.

19. Clique no menu "Inserir", aponte para "Formulário" e selecione a opção "Botão Enviar".

20. No painel "Propriedades", altere o nome do botão para **enviar** na caixa "name".

Agora vamos configurar o formulário de logon.

21. Posicione o cursor em qualquer célula da tabela.

22. Dê um clique no botão (+) do painel "Comportamentos de servidor".

23. No painel "Comportamentos de servidor", selecione a opção "Usar autenticação" e clique em "Fazer logon do usuário" (Figura 339).

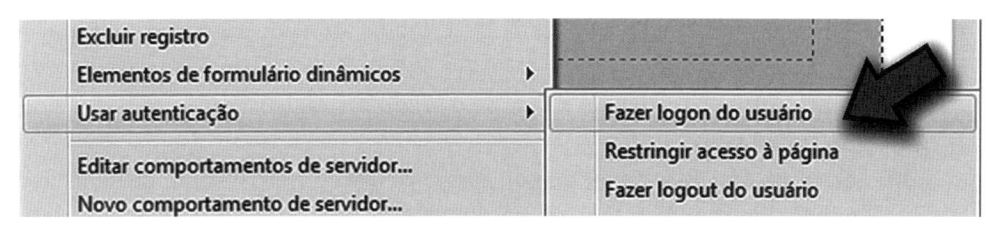

Figura 339

Uma nova janela será exibida. Observe que o nome do formulário e os campos **usuario** e **senha** foram identificados pela ferramenta (Figura 340).

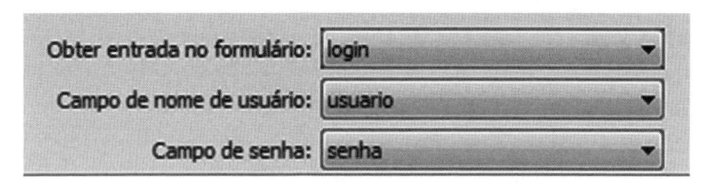

Figura 340

O próximo passo é indicar em qual tabela serão salvos os usuários que terão acesso à área administrativa.

24. Selecione no item "Validar usando conexão" a conexão **avenida**.

25. Selecione no item "Tabela" a tabela **usuarios**.

26. Selecione no item "Coluna de nome de usuário" o campo **usuario**.

27. Selecione no item "Coluna de senha" o campo **senha**.

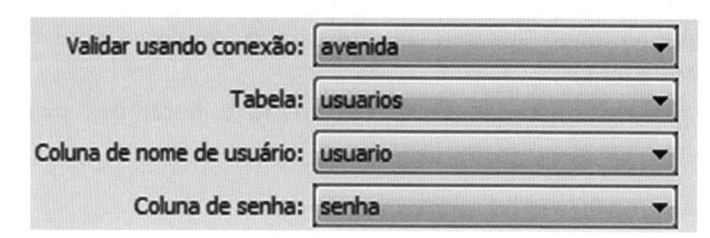

Figura 341

Vamos selecionar quais páginas serão exibidas caso o login seja bem-sucedido ou malsucedido.

28. Dê um clique na caixa do item "Se o logon for bem-sucedido, vá para" e digite **menu.php**.

29. Dê um clique na caixa do item "Se o logon for malsucedido, vá para" e digite **falha.php**.

30. Selecione em "Restringir acesso com base em" o item "Nome de usuário e senha" (Figura 342).

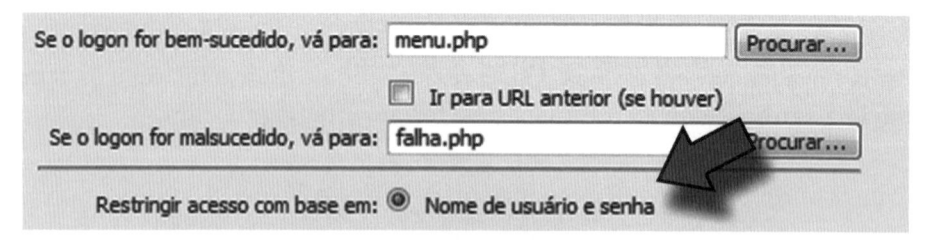

Figura 342

31. Clique no botão "OK".

Vamos agora testar o funcionamento do formulário.

32. Pressione as teclas Ctrl + S para salvar o arquivo.

33. Pressione o comando F12 para testar a página.

34. Digite o nome de usuário **admin** e a senha **admin123**. Lembre-se de que cadastramos esse registro na tabela **usuarios**.

Observe que o formulário irá redirecionar para a página **menu.php**.

Caso seja indicado usuário e senha não cadastrados, será exibida a página **falha. php**.

Criando um Formulário de Inclusão de Dados

Neste capítulo serão abordadas as ferramentas utilizadas no desenvolvimento de um formulário de inclusão de dados, que irá armazenar novos registros na tabela **imoveis**. Será neste formulário que o administrador do website irá incluir novos registros no banco de dados.

1. Abra a arquivo **inserir.php** da pasta **adm**.
2. Clique no botão "Código" para exibir o código HTML/PHP da página.
3. Posicione o cursor entre as *tags* <div id="adm"> e </div>.

Vamos iniciar criando um novo formulário.

4. Clique no menu "Inserir", aponte para "Formulário" e clique na opção "Formulário".
5. Dê um clique no botão "Design".
6. Configure o formulário como indicado na Figura 343.

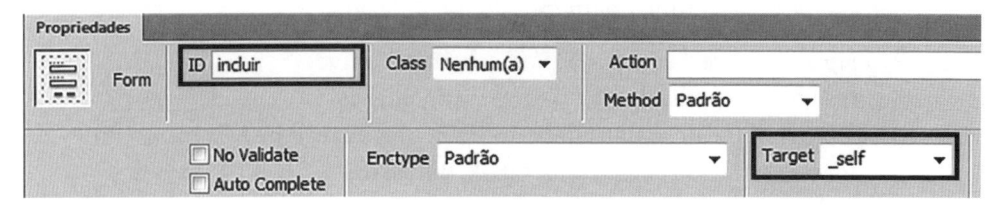

Figura 343

O próximo passo é criar a tabela que irá incorporar o formulário.

7. Clique no menu "Inserir" e selecione a opção "Tabela".
8. Crie a tabela utilizando a configuração indicada na Figura 344.

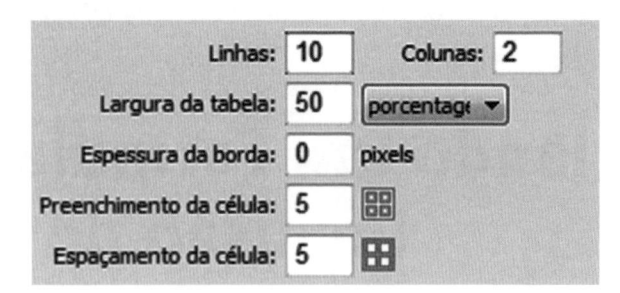

Figura 344

9. Clique no botão "OK".
10. Preencha os dados da tabela como indicado na Figura 345.

Figura 345

O próximo passo é inserir os campos do formulário.

Obs.: Exclua sempre os textos inseridos automaticamente antes das caixas.

11. Clique na segunda coluna da primeira linha da tabela para posicionar o cursor.

12. Clique no menu "Inserir", aponte para "Formulário" e clique na opção "Texto".

13. No painel "Propriedades", digite **campoTitulo** no item "Name" e indique como tamanho (Size) e largura máxima (Max Lenght) quarenta caracteres.

14. Clique na segunda linha da segunda coluna da tabela para posicionar o cursor.

15. Clique no menu "Inserir", aponte para "Formulário" e clique na opção "Selecionar".

16. No painel "Propriedades", digite **campoTipo** no item "Name" e clique no botão "Listar valores..." (Figura 346).

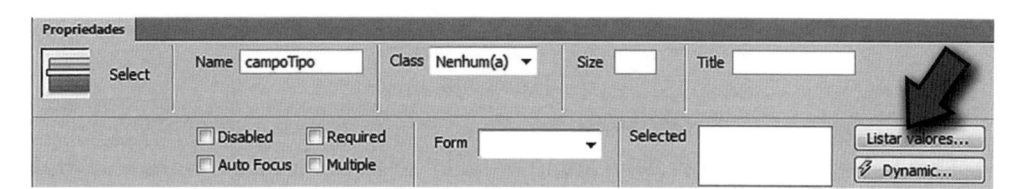

Figura 346

17. Digite como "Rótulo de item" e "Valor" o indicado na Figura 347.

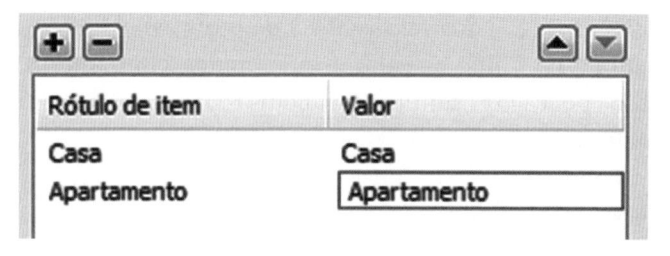

Figura 347

O item indicado no campo **Rótulo de item** será o exibido para o usuário, e o cadastrado no campo **Valor**, o que será salvo no banco de dados. Neste exemplo, os mesmos valores serão os exibidos e os salvos.

18. Clique no botão "OK".

19. Clique na terceira linha da segunda coluna da tabela para posicionar o cursor.

20. Clique no menu "Inserir", aponte para "Formulário" e clique na opção "Selecionar".

21. No painel "Propriedades", digite **campoLancamento** no item "Name" e clique no botão "Listar valores..." (Figura 346).

22. Digite como "Rótulo de item" e "Valor" o indicado na Figura 348.

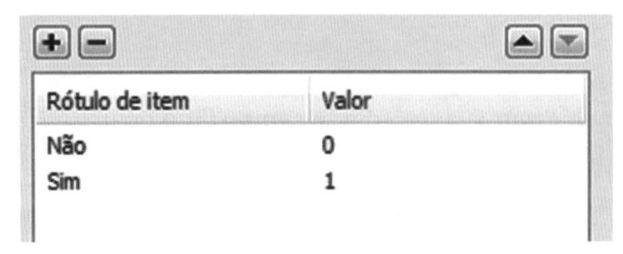

Figura 348

Com esta configuração, caso o administrador selecione o rótulo **Não**, o valor **0** será salvo no banco de dados. Caso o administrador selecione o rótulo **Sim**, o valor **1** será salvo no banco de dados.

23. Vamos realizar uma pequena correção no código. Clique no botão "Código" para visualizar o código HTML/PHP da página.

24. Retire as aspas ("") dos valores **0** e **1** da propriedade *value*, como indicado na Figura 349. Como os valores cadastrados são numéricos, a utilização das aspas pode gerar conflito em alguns browsers ao salvar esses dados no banco de dados.

```
<td>Lan&ccedil;amento:</td>
<td><select name="campoLancamento" id="campoLancamento">
  <option value=1>Sim</option>
  <option value=0>N&atilde;o</option>
</select></td>
```

Figura 349

25. Após realizar a correção clique no botão "Design".

26. Clique na quarta linha da segunda coluna da tabela para posicionar o cursor.

27. Clique no menu "Inserir", aponte para Formulário e clique na opção "Selecionar".

28. No painel "Propriedades", digite **campoDestaque** no item "Name" e clique no botão "Listar valores..." (Figura 346).

29. Digite como "Rótulo de item" e "Valor" o indicado na Figura 348.

30. Clique no botão OK.

31. Clique no botão "Código" e retire as aspas dos valores 0 e 1 da propriedade *value*.

32. Clique no botão "Design".

33. Clique na quinta linha da segunda coluna da tabela para posicionar o cursor.

34. Clique no menu "Inserir", aponte para "Formulário" e clique na opção "Área de texto".

35. No painel "Propriedades", digite **campoDescricao** no item "Name".

36. Digite **50** para o item "Cols" e **5** para o item "Rows".

37. Clique na sexta linha da segunda coluna da tabela para posicionar o cursor.

O próximo passo será criar os campos que irão indicar quais arquivos serão utilizados como imagens dos imóveis.

38. Clique no menu "Inserir", aponte para "Formulário" e clique na opção "Arquivo".

39. No painel "Propriedades", digite **campoFoto1** no item "Name".

40. Clique na sétima linha da segunda coluna da tabela para posicionar o cursor.

41. Clique no menu "Inserir", aponte para "Formulário" e clique na opção "Arquivo".

42. No painel "Propriedades", digite **campoFoto2** no item "Name".

43. Clique na oitava linha da segunda coluna da tabela para posicionar o cursor.

44. Clique no menu "Inserir", aponte para "Formulário" e clique na opção "Arquivo".

45. No painel "Propriedades", digite **campoFoto3** no item "Name".

46. Clique na nona linha da segunda coluna da tabela para posicionar o cursor.

47. Digite **R\$**.

48. Clique no menu "Inserir", aponte para "Formulário" e clique na opção "Texto".

49. No painel "Propriedades", digite **campoPreco** no item "Name" e indique como tamanho (*Size*) e largura máxima (*Max Length*) quinze caracteres.

Agora vamos inserir o botão que executará o arquivo de script que salvará o novo registro.

50. Clique na décima linha da segunda coluna da tabela.

51. Clique no menu "Inserir", aponte para "Formulário" e clique na opção "Botão Enviar".

52. No painel "Propriedades", digite **Inserir Registro** no item "Value", digite **Inserir** no item "Name", digite **novoregistro.php** no item "Form Action" e selecione a opção **POST** no item "Form Method".

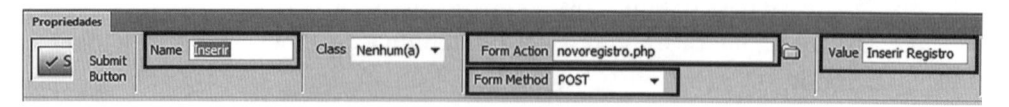

Figura 350

53. Alguns campos serão de preenchimento obrigatório, portanto utilize a opção **Required** (Figura 351), nos seguintes campos: **campoTitulo**, **campoDescricao** e **campoPreco**.

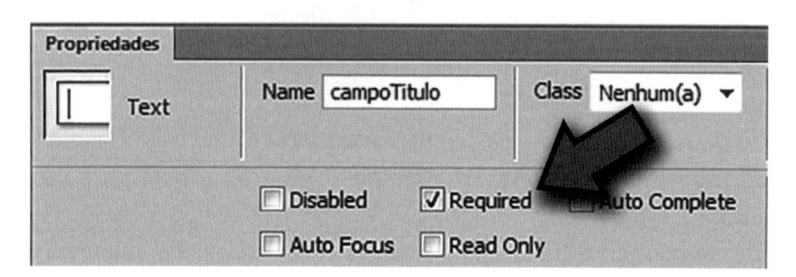

Figura 351

54. Clique no botão "Código".

55. Certifique-se que não há nenhum espaço entre as aspas ("") na definição das propriedades **name** e **id**.

```
<tr>
  <td>Foto1:</td>
  <td><input name="campoFoto1 " type="file" id="campoFoto1 " title="campoFoto1 " /></td>
</tr>
<tr>
```

Figura 352

17.1. Código PHP para a inclusão de dados

O Dreamweaver gera o código PHP automaticamente para incluir registros através da ferramenta "Inserir registro" do painel "Comportamentos de servidor" (Figura 353).

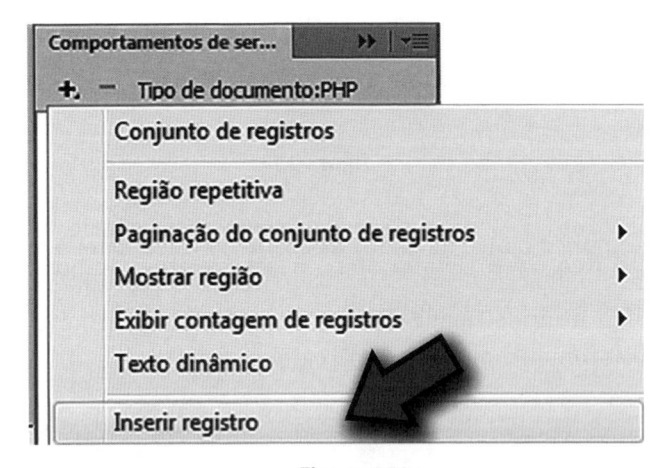

Figura 353

Esta ferramenta não oferece o recurso de *upload* de imagens, então teremos que criar o código PHP que irá realizar a inclusão dos dados e *upload* das imagens.

1. Pressione as teclas Ctrl + S para salvar as alterações no arquivo.

Vamos criar o arquivo **novoregistro.php**, que será executado quando o botão "Inserir Registro" for pressionado.

2. Clique no menu "Arquivo" e, em seguida, clique sobre a opção "Novo".
3. Clique sobre o botão "Página em branco" e selecione na coluna "Tipo da página" a opção "PHP" e, na coluna "Layout", a opção "<nenhum(a)>". (Figura 29).

4. Clique no botão "Criar".
5. Apague todo o código desta página.
6. Salve este arquivo na pasta **adm** com o nome de **novoregistro.php**.

Vamos ao código PHP. Inicialmente vamos criar uma conexão com o banco de dados **avenida**.

7. Clique na guia "Bancos de dados" para que seja exibido o seu conteúdo (Figura 354).

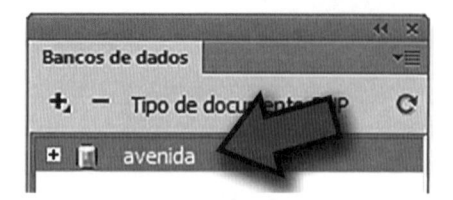

Figura 354

8. Clique sobre o banco de dados **avenida** e arraste para a área da janela de código.
9. O código inserido inclui o script de conexão do arquivo **avenida.php**, criado automaticamente pelo Dreamweaver.

```php
<?php require_once('../Connections/avenida.php'); ?>
```

Figura 355

10. O próximo passo é realizar a conexão definindo o banco de dados ativo. Pressione a tecla Enter e digite o código a seguir.

```php
<?php mysql_select_db($database_avenida, $avenida);
```

Agora vamos resgatar todos os valores digitados no formulário pelo comando $_POST e armazená-los em variáveis com a inicial $recebe.

11. Pressione a tecla Enter e digite o código a seguir.

```
$recebe_titulo = $_POST['campoTitulo'];
$recebe_tipo = $_POST['campoTipo'];
$recebe_descricao = $_POST['campoDescricao'];
$recebe_preco = $_POST['campoPreco'];
$recebe_destaque = $_POST['campoDestaque'];
$recebe_lancamento = $_POST['campoLancamento'];
```

Para resgatar o conteúdo de campos do tipo "Arquivo" que foram utilizados para selecionar as fotos, é necessário utilizar o comando $_FILES.

12. Digite o código a seguir.

```
$recebe_foto1 = $_FILES['campoFoto1']['name'];
$recebe_foto2 = $_FILES['campoFoto2']['name'];
$recebe_foto3 = $_FILES['campoFoto3']['name'];
```

O próximo passo é criar variáveis que receberão os nomes temporários dos arquivos salvos no servidor. Observe que é necessário armazenar o nome do arquivo que está presente no computador do administrador e o nome do arquivo que agora está no servidor (arquivo temporário).

13. Digite o código a seguir.

```
$tmp_foto1 = $_FILES['campoFoto1']['tmp_name'];
$tmp_foto2 = $_FILES['campoFoto2']['tmp_name'];
$tmp_foto3 = $_FILES['campoFoto3']['tmp_name'];
```

O próximo passo é armazenar em uma variável $sql o comando que será utilizado para armazenar os dados recebidos pelas variáveis no banco de dados **avenida**. O comando armazenará o conteúdo das variáveis $recebe dentro dos campos na tabela **imoveis** através do comando SQL INSERT INTO.

14. Digite o código a seguir.

```
$sql = "INSERT INTO imoveis (titulo, tipo, lancamento,
destaque, descricao, preco, foto1, foto2, foto3) VALUES
('$recebe_titulo', '$recebe_tipo', '$recebe_lancamento',
'$recebe_destaque', '$recebe_descricao', '$recebe_
preco','$recebe_foto1','$recebe_foto2', '$recebe_foto3')";
```

Observe que indicamos pelo comando INSERT INTO os campos da tabela **imoveis** com exceção do campo **id**, que é preenchido automaticamente. Pela propriedade VALUES indicamos quais valores serão inseridos nos campos.

Após definir o código na variável $sql, vamos executar o comando que irá salvar os dados. Iremos também utilizar o comando *if* para verificar algum erro nesse processo. Caso haja algum erro, uma mensagem será exibida ao usuário.

15. Digite o código a seguir.

```
if (mysql_query($sql) or die("Erro ao salvar os dados-->
".mysql_error()));
```

Após os dados serem salvos o próximo passo é realizar o *upload* das imagens para a pasta **upload.** Para realizar esse procedimento utilizaremos o comando *move_uploaded*.

16. Digite o código a seguir.

```
move_uploaded_file($tmp_foto1,'../upload/'.$recebe_foto1);
move_uploaded_file($tmp_foto2,'../upload/'.$recebe_foto2);
move_uploaded_file($tmp_foto3,'../upload/'.$recebe_foto3);
```

O comando *move_uploaded* moverá o arquivo temporário indicado pelas variáveis iniciadas por $tmp para a pasta **upload** com o nome indicado pelas variáveis iniciadas por $recebe.

Após enviar as imagens para a pasta, vamos indicar que o arquivo **menu.php** deverá ser exibido.

17. Digite o código a seguir.

```
header ("Location:menu.php");
?>
```

Vamos testar o funcionamento do código.

18. Pressione Ctrl + S para salvar as alterações.
19. Abra o arquivo **inserir.php**.
20. Pressione a tecla F12.
21. Preencha os dados como indicado na Figura 356.

Não utilize imagens maiores que 1 MB ou com resoluções acima de 800 px de largura.

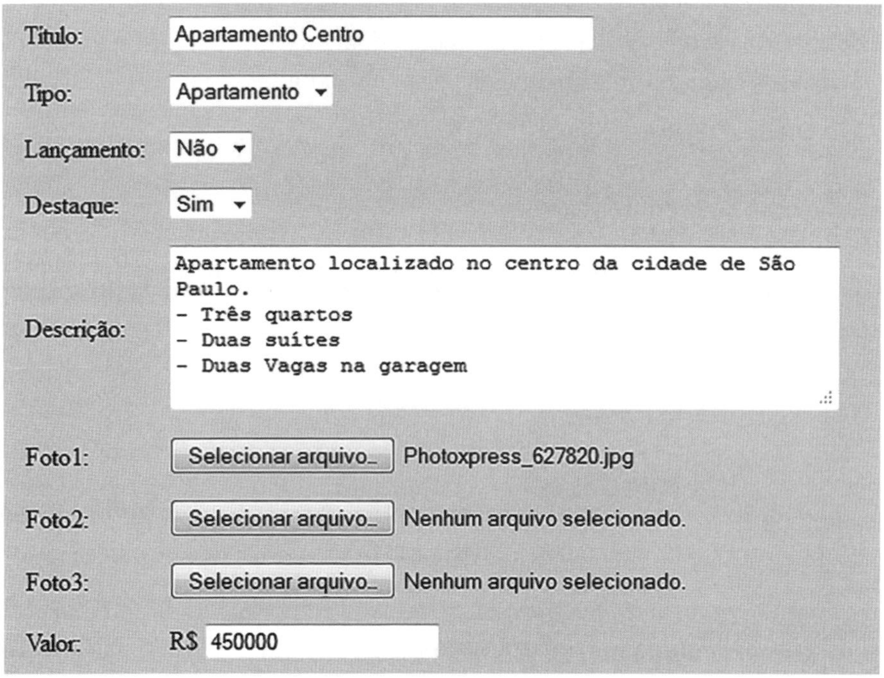

Título:	Apartamento Centro
Tipo:	Apartamento ▾
Lançamento:	Não ▾
Destaque:	Sim ▾
Descrição:	Apartamento localizado no centro da cidade de São Paulo. - Três quartos - Duas suítes - Duas Vagas na garagem
Foto1:	Selecionar arquivo... Photoxpress_627820.jpg
Foto2:	Selecionar arquivo... Nenhum arquivo selecionado.
Foto3:	Selecionar arquivo... Nenhum arquivo selecionado.
Valor:	R$ 450000

Figura 356

22. Clique no botão "Inserir registro".

Observe que a página **menu.php** será exibida após o registro ser salvo.

23. Execute o arquivo **index.php** da pasta **imobiliaria** e observe que o novo registro foi inserido (Figura 357).

Figura 357

Caso você observe algum erro ao salvar o registro, remova a linha de código header ("Location:menu.php") e execute novamente o procedimento. Desta forma será exibido o erro encontrado no código.

Tabelas Dinâmicas

Nesta etapa serão abordadas as ferramentas utilizadas para a criação de uma tabela dinâmica para consulta de registros para serem excluídos ou alterados.

1. Abra o arquivo **tabela.php** da pasta **adm**.

Inicialmente vamos criar uma consulta para que todos os registros da tabela **imoveis** sejam exibidos.

2. No painel "Ligações", dê um clique no botão (+) e selecione a opção "Conjunto de Registros (consulta)" (Figura 200).

O próximo passo é nomear a consulta que iremos realizar.

3. Clique na caixa do item "Nome" e digite **tabela** (Figura 358).

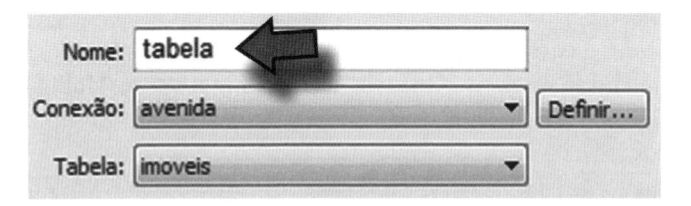

Figura 358

4. Certifique-se de que a conexão **avenida** e a tabela **imoveis** estejam selecionadas.

Nesta consulta, diferentemente do realizado até agora, iremos selecionar apenas os campos necessários que serão exibidos na tabela.

5. Clique na opção "Selecionado" do item "Colunas" (Figura 359).

Figura 359

6. Deixe a tecla Ctrl pressionada e clique sobre os campos **id**, **titulo** e **tipo**, como indicado na Figura 360.

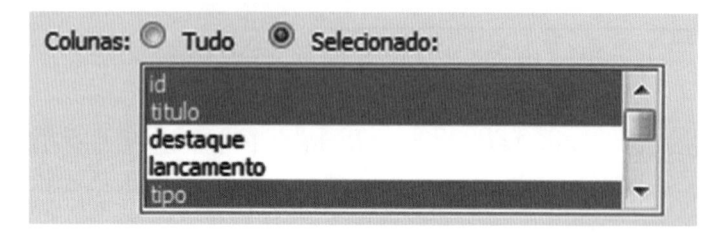

Figura 360

O próximo passo é indicar a ordem em que os registros serão exibidos.

7. Clique na guia de seleção do item "Ordenar" e selecione o campo **id**.
8. Selecione o modo de classificação crescente.
9. Clique no botão "OK" para criar a consulta.

Depois de criada a consulta, vamos criar a tabela.

10. Clique no botão "Código" para que seja exibido o código HTML/PHP da página.
11. Posicione o cursor entre as *tags* <div id="adm"> e </div>.
12. Dê um clique no menu "Inserir" e selecione a opção "Tabela".
13. Configure a tabela como indicado na Figura 361.

Tamanho da tabela			
Linhas: 2		Colunas: 4	
Largura da tabela: 80	porcentage ▼		
Espessura da borda: 0	pixels		
Preenchimento da célula: 5			
Espaçamento da célula: 5			

Figura 361

14. Clique no botão "OK".

15. Preencha as colunas da tabela como indicado na Figura 362.

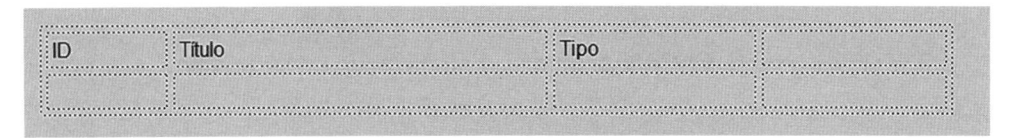

Figura 362

O próximo passo é inserir os campos dinâmicos.

16. Dê um clique na primeira coluna da segunda linha da tabela para posicionar o cursor.

17. Dê um clique no campo **id** no painel "Ligações" e clique no botão "Inserir" (Figura 363).

Figura 363

18. Dê um clique na segunda coluna da segunda linha da tabela para posicionar o cursor.

19. Dê um clique no campo **titulo** no painel "Ligações" e clique no botão "Inserir".

20. Dê um clique na terceira coluna da segunda linha da tabela para posicionar o cursor.

21. Dê um clique no campo **tipo** no painel "Ligações" e clique no botão "Inserir".

22. Dê um clique na quarta coluna da segunda linha da tabela para posicionar o cursor.

23. Digite o texto **Excluir Alterar**, como indicado na figura 364.

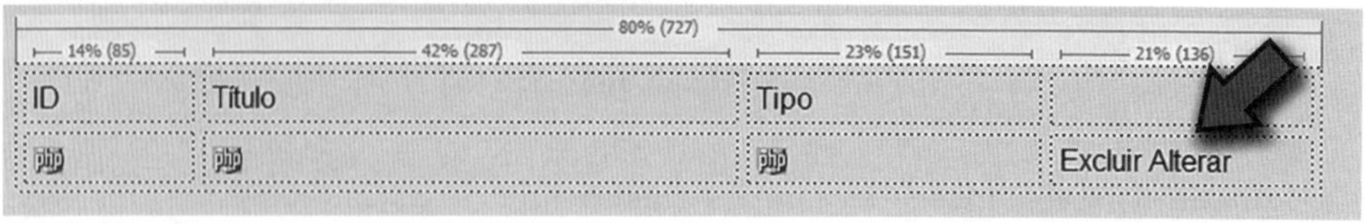

Figura 364

O próximo passo é criar uma região repetitiva.

24. Dê um clique no botão "Código".

25. Selecione o código indicado na figura 365.

```
<tr>
    <td width="14%">ID</td>
    <td width="42%">T&iacute;tulo</td>
    <td width="23%">Tipo</td>
    <td width="21%"> </td>
</tr>
<tr>
    <td><?php echo $row_tabela['id']; ?></td>
    <td><?php echo $row_tabela['titulo']; ?></td>
    <td><?php echo $row_tabela['tipo']; ?></td>

    <td>Excluir Alterar</td>
</tr>
</table>
</div>
```

Figura 365

26. Dê um clique no botão (**+**) do painel "Comportamentos de servidor" e selecione a opção "Região repetitiva".

Figura 366

27. Selecione a opção "Todos os registros" da consulta "tabela" e clique no botão "OK" (Figura 367).

Figura 367

O código HTML da tabela deverá ficar da seguinte forma:

```html
<table width="80%" border="0" cellspacing="5" cellpadding="5">
  <tr>
      <td width="14%">ID</td>
      <td width="42%">T&iacute;tulo</td>
      <td width="23%">Tipo</td>
      <td width="21%"> </td>
  </tr>
  <tr>
      <?php do { ?>
      <td><?php echo $row_tabela['id']; ?></td>
      <td><?php echo $row_tabela['titulo']; ?></td>
      <td><?php echo $row_tabela['tipo']; ?></td>
      <td>Excluir Alterar</td>
  </tr>
  <?php } while ($row_tabela = mysql_fetch_assoc($tabela)); ?>
</table>
```

O próximo passo é criar os link para os arquivos **alterar.php** e **excluir.php**.

28. Dê um clique no botão "Design".

29. Selecione o texto "Excluir" (Figura 368).

Figura 368

30. No painel "Propriedades" digite o código a seguir no item "Link".

```
excluir.php?id=<?php echo $row_tabela['id']; ?>
```

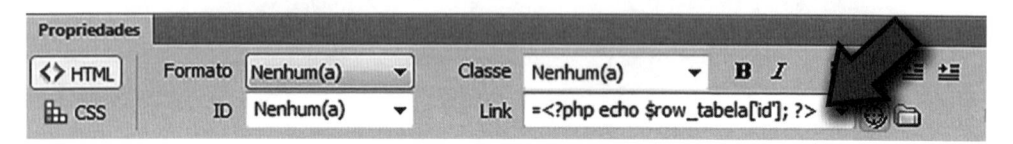

Figura 369

31. Selecione o texto "Alterar" (Figura 370).

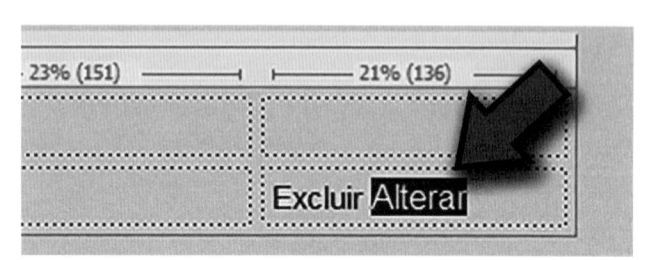

Figura 370

32. No painel "Propriedades" digite o código a seguir no item "Link".

```
alterar.php?id=<?php echo $row_tabela['id']; ?>
```

33. Pressione as teclas Ctrl + S para salvar as alterações no arquivo. Observe que a tabela dinâmica e os links foram criados.

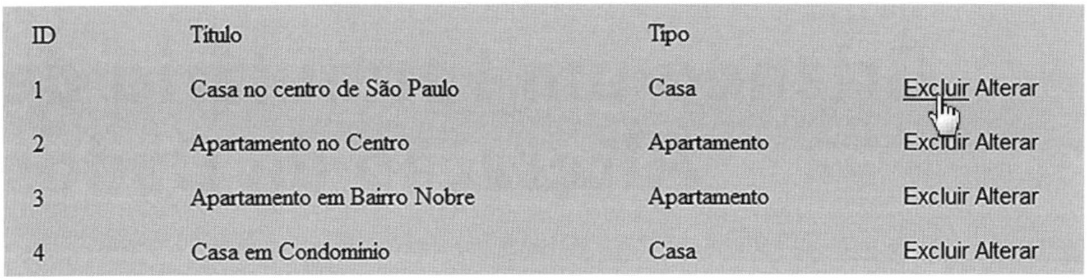

ID	Título	Tipo	
1	Casa no centro de São Paulo	Casa	Excluir Alterar
2	Apartamento no Centro	Apartamento	Excluir Alterar
3	Apartamento em Bairro Nobre	Apartamento	Excluir Alterar
4	Casa em Condomínio	Casa	Excluir Alterar

Figura 371

Capítulo 19

Criando um Formulário de Alteração de Dados

Nesta etapa serão abordadas as ferramentas utilizadas para a criação de um formulário de alteração de dados

No capítulo anterior referenciamos o **id** do registro na tabela dinâmica para o link **alterar.php**. Neste capítulo criaremos uma consulta que localizará o registro referenciado e o exibirá em formulário para que sejam realizadas as alterações desejadas.

1. Abra o arquivo **alterar.php** da pasta **adm**.
2. Clique no botão "Código" para exibir o código HTML/PHP da página.
3. Posicione o cursor entre as *tags* <div id="adm"> e </div>.

Vamos começar criando um novo formulário.

4. Clique no menu "Inserir", aponte para "Formulário" e clique na opção "Formulário".
5. Clique no botão "Design".
6. Configure o formulário como indicado na Figura 372.

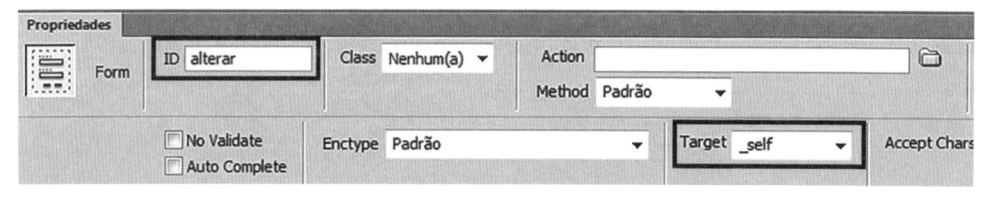

Figura 372

7. Crie a tabela utilizando a configuração indicada na Figura 344.
8. Preencha os dados da tabela como indicado na Figura 345.

O próximo passo é criar a consulta que exibirá os dados do registro encontrado pela consulta nos campos do formulário de alteração.

9. No painel "Ligações", dê um clique no botão (+) e selecione a opção "Conjunto de registros (consulta)" (Figura 200).

O próximo passo é nomear a consulta que iremos realizar.

10. Clique na caixa do item "Nome" e digite **alterar** (Figura 373).

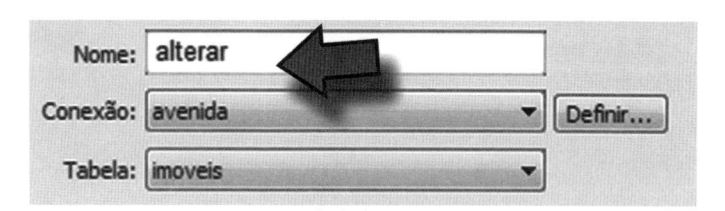

Figura 373

11. Clique na guia de seleção do item "Filtro" e selecione o campo **id**.
12. Configure o filtro indicando como "Parâmetro de URL" o campo **id**, como indicado na Figura 374.

Figura 374

Não será necessário ordenar a consulta, pois apenas um registro será exibido.

13. Clique no botão "OK".

O próximo passo é inserir as caixas de texto que exibirão os dados da consulta.

14. Clique na segunda coluna da primeira linha da tabela para posicionar o cursor.

15. Clique no menu "Inserir", aponte para "Formulário" e clique na opção "Texto".

16. No painel "Propriedades", digite **campoTitulo** no item "Name" e indique como tamanho (*Size*) e largura máxima (*Max Length*) quarenta caracteres.

17. Nesta caixa de texto exibiremos o conteúdo do campo **titulo** encontrado pela consulta.

18. Clique no botão "Ligar à origem dinâmica" da opção "Value" no painel "Propriedades" (Figura 375).

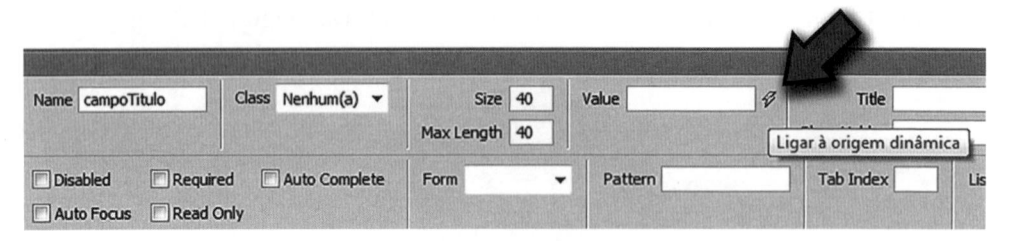

Figura 375

19. Selecione o campo **titulo** da consulta **alterar** (Figura 376).

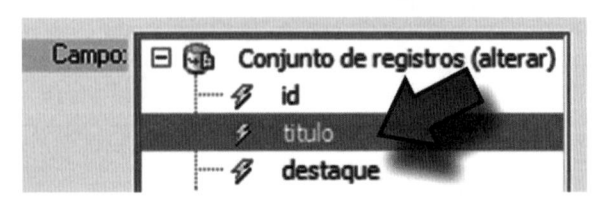

Figura 376

20. Clique no botão "OK".

Observe que o valor inicial do **campoTitulo** agora está referenciado ao campo **titulo** da consulta **alterar**.

21. Clique na segunda linha da segunda coluna da tabela para posicionar o cursor.

22. Clique no menu "Inserir", aponte para "Formulário" e clique na opção "Selecionar".

23. No painel "Propriedades", digite **campoTipo** no item "Name" e clique no botão "Dynamic" (Figura 377).

Figura 377

24. Clique no botão "Ligar à origem dinâmica" indicado na Figura 378.

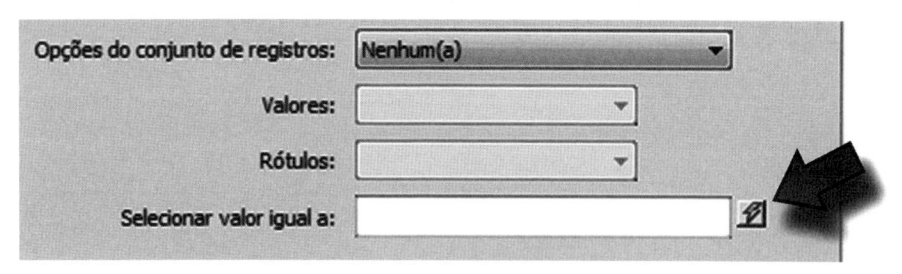

Figura 378

25. Clique no campo **tipo** para selecioná-lo e clique no botão "OK".
26. Cadastre os valores **Casa** e **Apartamento** em "Opções estáticas" (Figura 379).

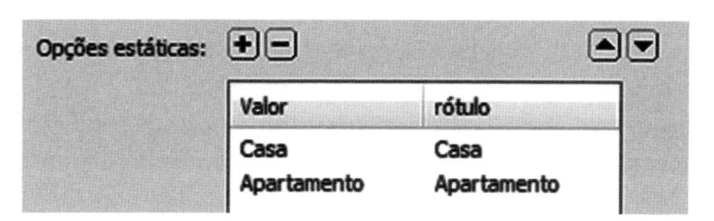

Figura 379

27. Clique no botão "OK".
28. Clique na terceira linha da segunda coluna da tabela para posicionar o cursor.
29. Clique no menu "Inserir", aponte para "Formulário" e clique na opção "Selecionar".
30. No painel "Propriedades", digite **campoLancamento** no item "Name" e clique no botão "Dynamic" (Figura 377).

O próximo passo é fazer com que esse campo exiba o rótulo **Sim**, caso o valor encontrado no registro seja **1** ou o rótulo **Não**, caso o valor encontrado no registro seja igual a **0**.

1. Clique no botão "Ligar à origem dinâmica" indicado na Figura 378.
2. Selecione o campo **lancamento** e clique no botão "OK".
3. Cadastre em "Opções estáticas" os valores indicados na Figura 380.

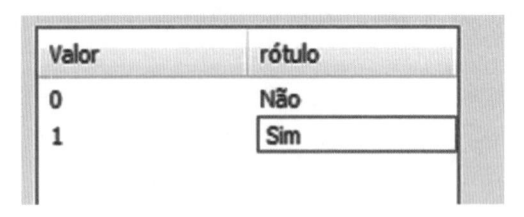

Figura 380

4. Clique no botão "OK".
5. Clique na quarta linha da segunda coluna da tabela para posicionar o cursor.
6. Clique no menu "Inserir", aponte para "Formulário" e clique na opção "Selecionar".
7. No painel "Propriedades", digite **campoDestaque** no item "Name" e clique no botão "Dynamic" (Figura 377).
8. Clique no botão "Ligar à origem dinâmica" indicado na Figura 378.
9. Selecione o campo **destaque** e clique no botão "OK".
10. Cadastre em "Opções estáticas" os valores indicados na Figura 379.
11. Clique na quinta linha da segunda coluna da tabela para posicionar o cursor.
12. Clique no menu "Inserir", aponte para "Formulário" e clique na opção "Área de texto".
13. No painel "Propriedades", digite **campoDescricao** no item "Name".
14. Digite **50** para o item "Cols" e **5** para o item "Rows".

Observe que o painel "Propriedades" não exibe o botão "Ligar à origem dinâmica" para o campo "Área de texto". Para resolver este problema, clique no campo **descricao** no painel "Ligações" e clique no botão "Ligar". Certifique-se de que a opção "Valor inicial" esteja selecionada.

Figura 381

Observe que o valor inicial do campo **campoDescricao** será vinculado ao campo **descricao** pelo código PHP.

Figura 382

15. Clique na sexta linha da segunda coluna da tabela para posicionar o cursor.
16. Clique no menu "Inserir", aponte para "Formulário" e clique na opção "Arquivo".
17. No painel "Propriedades", digite **campoFoto1** no item "Name".

Os campos de **Arquivo** não possuem a opção de valor inicial para o campo. Para que o usuário saiba qual arquivo está salvo no registro, vamos exibir um campo de texto dinâmico ao lado do campo de arquivo.

18. Posicione o cursor ao lado do campo de arquivo, como indicado na Figura 383.

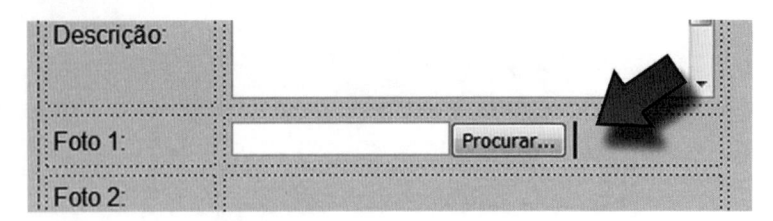

Figura 383

19. Selecione o campo **foto1** no painel "Ligações" e clique no botão "Inserir".

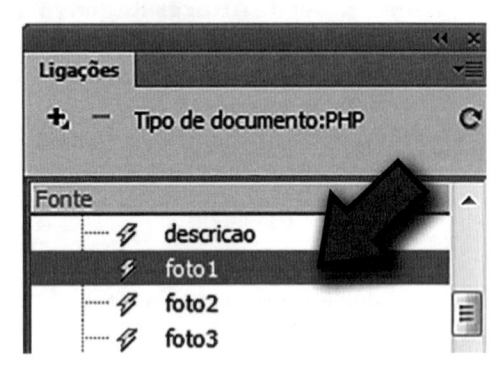

Figura 384

20. Repita este procedimento com os campos **foto2** e **foto3** (Figura 385).

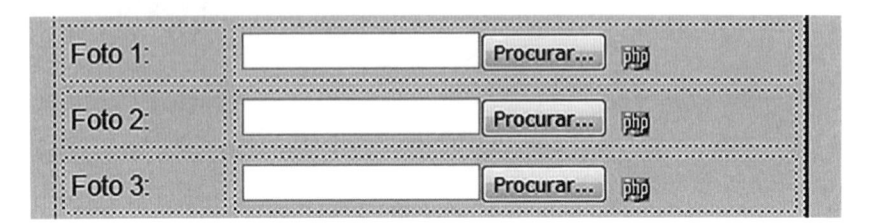

Figura 385

21. Clique na segunda coluna da nona linha da tabela para posicionar o cursor.

22. Digite **R$** e clique no menu "Inserir", aponte para "Formulário" e clique na opção "Texto".

23. No painel "Propriedades", digite **campoPreco** no item "Name".

24. Indique como largura (*Size*) e tamanho máximo (*Max length*) quinze caracteres.

25. Clique no botão "Ligar à origem dinâmica" da opção "Value" no painel "Propriedades" (Figura 375).

26. Selecione o campo **preco** e clique no botão "OK".

Agora vamos inserir o botão que executará o arquivo de script que alterará os dados do registro no banco de dados.

1. Clique na décima linha da segunda coluna da tabela para posicionar o cursor.

2. Clique no menu "Inserir", aponte para "Formulário" e clique na opção "Botão Enviar".

3. No painel "Propriedades", digite **Alterar Registro** no item "Value", digite **alterar** no item "Name", digite **alteraregistro.php** no item "Form Action" e selecione a opção "POST" no item "Form Method".

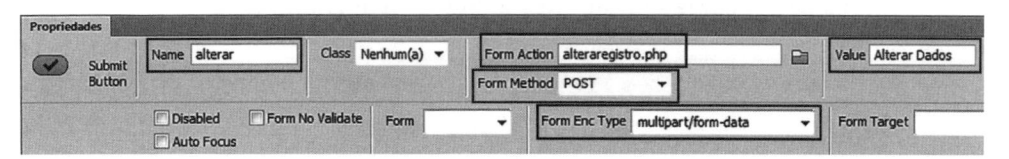

Figura 386

4. Para evitar que o administrador do website, ao alterar os dados, exclua os dados de preenchimento obrigatório, utilize a opção **Required** (Figura 351), nos seguintes campos: **campoTitulo**, **campoDescricao** e **campoPreco**.

5. Clique no botão "Código" para exibir o código HTML/PHP da página.

6. Retire as aspas ("") dos valores 0 e 1 da propriedade *value* dos campos **campoLancamento** e **campoDestaque** para evitar possíveis incompatibilidades do PHP com alguns browsers.

7. Certifique-se de que não há nenhum espaço entre as aspas ("") na definição das propriedades **name** e **id** (Figura 352).

Vamos utilizar o campo **id** como referência para alterar os dados do registro selecionado. Assim, vamos exibir o campo **id** no formulário de alteração, mas não vamos permitir que este campo seja alterado.

8. Posicione o cursor na primeira célula da tabela (Figura 387).

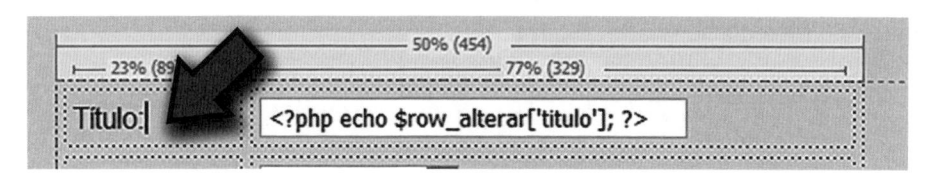

Figura 387

9. Utilize as teclas Ctrl + M para adicionar uma nova linha na tabela.

10. Digite o texto **ID:** na primeira célula da nova linha e posicione o cursor na próxima coluna.

Vamos agora inserir uma caixa de texto onde será exibido o campo **ID**.

11. Clique no menu "Inserir", aponte para "Formulário" e clique na opção "Texto".

12. No painel "Propriedades", digite **campoID** no item "Name".

O próximo passo é deixar esse campo inativo, evitando que o administrador altere o seu valor.

13. No painel "Propriedades", altere o tamanho do campo para três caracteres (Size) e selecione a opção "Read Only" (Figura 388).

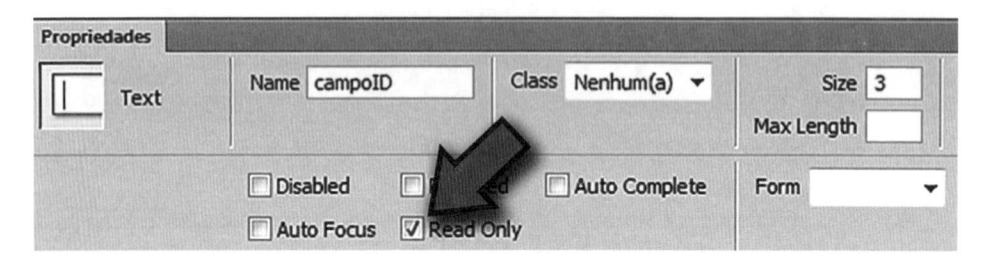

Figura 388

14. Clique no botão "Ligar à origem dinâmica" no painel "Propriedades".

15. Selecione o campo **id** e clique no botão "OK".

16. Pressione as teclas Ctrl + S para salvar o arquivo.

Vamos agora testar o funcionamento do código. Inicialmente este código vai apenas exibir os dados selecionados pelo arquivo **tabela.php**.

17. Abra o arquivo **tabela.php**.

18. Pressione a tecla F12.

19. Clique sobre o link "Alterar" de qualquer registro.

Observe que o arquivo **alterar.php** será aberto com os dados do registro selecionado no formulário criado (Figura 389).

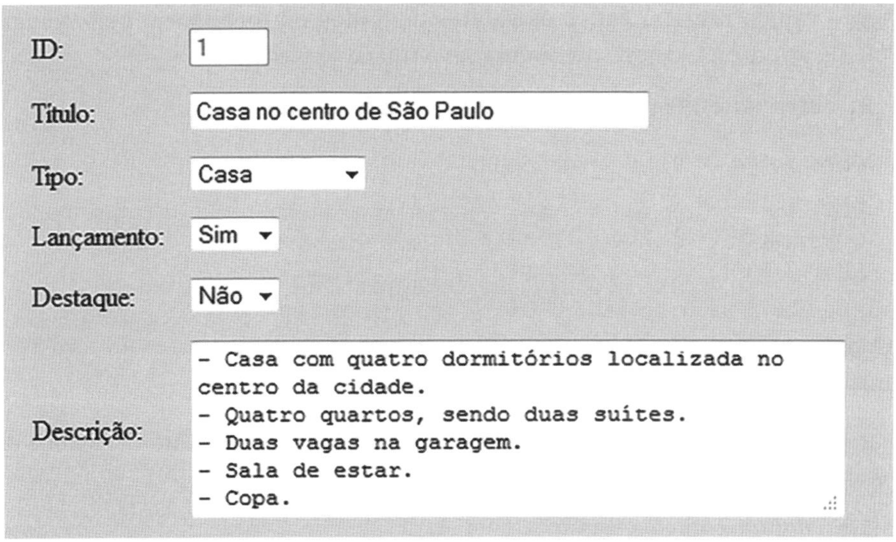

ID:	1
Título:	Casa no centro de São Paulo
Tipo:	Casa ▼
Lançamento:	Sim ▼
Destaque:	Não ▼
Descrição:	- Casa com quatro dormitórios localizada no centro da cidade. - Quatro quartos, sendo duas suítes. - Duas vagas na garagem. - Sala de estar. - Copa.

Figura 389

O próximo passo é criar o arquivo **alteraregistro.php**.

19.1. Criando o código PHP para alterar dados

1. Clique no menu "Arquivo" e, em seguida, sobre a opção "Novo".
2. Clique sobre o botão "Página em branco" e selecione na coluna "Tipo da página" a opção "PHP" e, na coluna Layout, a opção "<nenhum(a)>" (Figura 29).

---

3. Clique no botão "Criar".
4. Apague todo o código desta página.
5. Salve este arquivo na pasta **adm** com o nome de **alteraregistro.php**.

Vamos ao código PHP. Inicialmente vamos criar uma conexão com o banco de dados **avenida**.

6. Clique sobre o banco de dados **avenida** do painel "Bancos de dados" e arraste para a área da janela de código.
7. O código inserido inclui o script de conexão do arquivo **avenida.php** criado automaticamente pelo Dreamweaver (Figura 355).
8. O próximo passo é realizar a conexão definindo o banco de dados ativo. Pressione a tecla Enter e digite o código a seguir.

```
<?php mysql_select_db($database_avenida, $avenida);
```

Agora vamos resgatar todos os valores digitados no formulário pelo comando $_POST e armazená-los em variáveis com a inicial $recebe.

9. Pressione a tecla Enter e digite o código a seguir.

```
$recebe_id = $_POST['campoID'];
$recebe_titulo = $_POST['campoTitulo'];
$recebe_tipo = $_POST['campoTipo'];
$recebe_destaque = $_POST['campoDestaque'];
$recebe_lancamento = $_POST['campoLancamento'];
$recebe_descricao = $_POST['campoDescricao'];
$recebe_preco = $_POST['campoPreco'];
```

Para resgatar o conteúdo de campos do tipo **Arquivo** que foram utilizados para selecionar as fotos, é necessário utilizar o comando $_FILES.

10. Digite o código a seguir.

```
$recebe_foto1 = $_FILES['campoFoto1']['name'];
$recebe_foto2 = $_FILES['campoFoto2']['name'];
$recebe_foto3 = $_FILES['campoFoto3']['name'];
```

O próximo passo é criar variáveis que receberão os nomes temporários dos arquivos salvos no servidor.

11. Digite o código a seguir.

```
$tmp_foto1 = $_FILES['campoFoto1']['tmp_name'];
$tmp_foto2 = $_FILES['campoFoto2']['tmp_name'];
$tmp_foto3 = $_FILES['campoFoto3']['tmp_name'];
```

O próximo passo é armazenar em uma variável com o nome de $sql o comando que será utilizado para **atualizar** os dados recebidos pelas variáveis no banco de dados **avenida**.

Para atualizar os registros iremos utilizar o comando UPDATE.

Observe que na linha de código a seguir não estamos atualizando os campos de arquivo **foto1**, **foto2** e **foto3**.

12. Digite o código a seguir.

```
$sql = "UPDATE imoveis SET titulo='$recebe_titulo',
tipo='$recebe_tipo', lancamento='$recebe_lancamento',destaque
= '$recebe_destaque', descricao='$recebe_descricao',
preco='$recebe_preco' WHERE id=$recebe_id";
```

Após inserir o código na variável $sql, vamos agora executá-la.

13. Digite o código a seguir.

```
if (mysql_query($sql) or die("Erro ao salvar os dados-->
".mysql_error()));
```

Para evitar que haja uma atualização de um campo vazio sobre o nome das fotos quando o administrador não realizar nenhuma alteração nos campos de foto (foto1, foto2 e foto3), vamos criar um código que somente irá atualizar os campos de foto caso eles não estejam vazios.

14. Digite o código a seguir.

```
if($recebe_foto1<>""){

$sql2 = "UPDATE imoveis set foto1='$recebe_foto1' where
id=$recebe_id";
move_uploaded_file($tmp_foto1,'../upload/'.$recebe_foto1);
if (mysql_query($sql2) or die("Erro ao salvar a foto 1
".mysql_error()));
}

if($recebe_foto2<>""){

$sql3 = "UPDATE imoveis set foto2='$recebe_foto2' where
id=$recebe_id";
move_uploaded_file($tmp_foto2,'../upload/'.$recebe_foto2);
if (mysql_query($sql3) or die("Erro ao salvar a foto 2
".mysql_error()));
}

if($recebe_foto3<>""){

$sql4 = "UPDATE imoveis set foto3='$recebe_foto3' where
id=$recebe_id";
     move_uploaded_file($tmp_foto3,'../upload/'.$recebe_
foto3);
     if (mysql_query($sql4) or die("Erro ao salvar a foto
3 ".mysql_error()));
}
```

Após enviar as imagens para o servidor, vamos indicar que o arquivo **menu.php** deverá ser aberto.

15. Digite o código a seguir.

```
header ("Location:menu.php");
?>
```

O próximo passo é testar o funcionamento do código.

16. Pressione as teclas Ctrl + S para salvar o arquivo.
17. Abra o arquivo **tabela.php**.
18. Pressione a tecla F12.
19. Clique sobre o link "Alterar" de qualquer registro.
20. Realize alguma alteração no registro e clique no botão "Alterar Registro".

> *Caso você observe algum erro ao salvar o registro, remova a linha de código header ("Location:menu.php") e execute novamente o procedimento. Desta forma será exibido o erro encontrado no código.*

Capítulo 20

Criando um Arquivo de Exclusão de Registro

Nesta etapa serão abordadas as ferramentas utilizadas para a exclusão de um registro. No capítulo 18 referenciamos, juntamente com o link para o arquivo **excluir.php**, o **id** do registro selecionado. Desta forma, criaremos uma consulta que encontrará o registro referenciado e o excluiremos da tabela **imoveis**.

Inicialmente vamos criar o arquivo **excluir.php**.

1. Clique no menu "Arquivo" e, em seguida, sobre a opção "Novo".
2. Clique sobre o botão "Página em branco" e selecione na coluna "Tipo da página" a opção "PHP" e, na coluna "Layout", a opção "<nenhum(a)>" (Figura 29).

3. Clique no botão "Criar".
4. Apague todo o código desta página.
5. Salve este arquivo na pasta **adm** com o nome de **excluir.php**.

O próximo passo é criar a consulta.

6. Dê um clique no botão (+) do painel "Comportamentos de servidor".
7. Clique na opção "Conjunto de registros (consulta)".

O próximo passo é nomear a consulta que vamos realizar.

8. Clique na caixa do item "Nome" e digite **excluir** (Figura 390).

Figura 390

9. Clique na guia de seleção do item "Filtro" e selecione o campo **id**.

10. Configure o filtro indicando como "Parâmetro de URL" o campo **id**, como indicado na Figura 391.

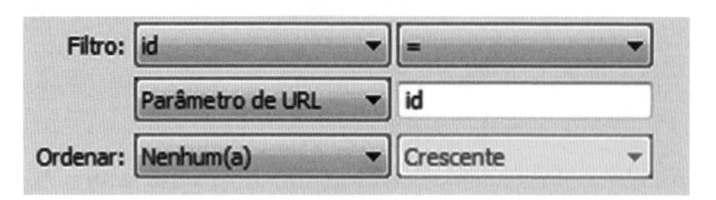

Figura 391

Não será necessário ordenar a consulta, pois apenas um registro será exibido.

11. Clique no botão "OK".

O próximo passo é utilizar a ferramenta de exclusão de registro.

12. Clique na ferramenta "Excluir registro" do painel "Comportamentos de servidor" (Figura 392).

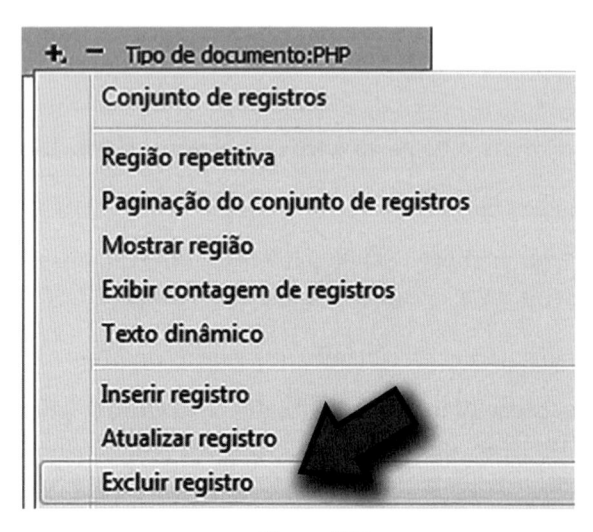

Figura 392

13. Configure a ferramenta "Excluir registro" como indicado na Figura 393.

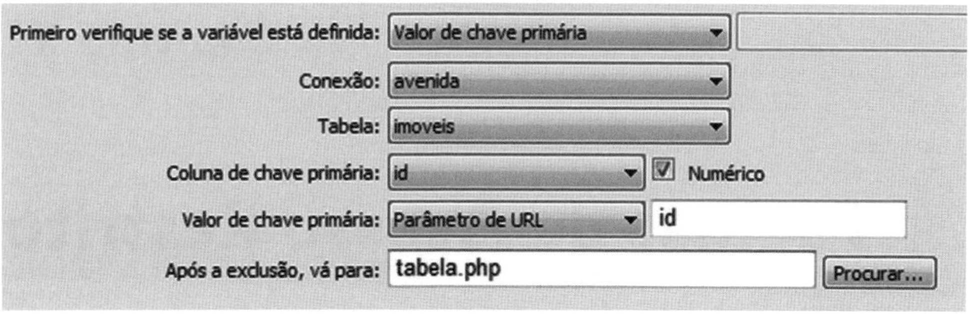

Primeiro verifique se a variável está definida: Valor de chave primária ▼

Conexão: avenida ▼

Tabela: imoveis ▼

Coluna de chave primária: id ▼ ☑ Numérico

Valor de chave primária: Parâmetro de URL ▼ id

Após a exclusão, vá para: tabela.php [Procurar...]

Figura 393

14. Pressione as teclas Ctrl + S para salvar o arquivo.
15. Abra o arquivo **tabela.php**.
16. Pressione a tecla F12.
17. Clique sobre o link "Excluir" de qualquer registro.

Observe que o registro é excluído.

Capítulo 21

Páginas de Acesso Restrito

Neste capítulo serão abordadas as ferramentas utilizadas para restringir o acesso das páginas da área administrativa do site somente para os usuários logados à página.

Isso evitará que um usuário não autorizado acesse, por exemplo, a página **inserir.php** via URL. No exemplo a seguir, a página **inserir.php** poderá ser acessada normalmente via URL caso não utilizemos a ferramenta de acesso restrito.

http://www.imobiliariaavenida.com.br/adm/inserir.php

A seguir, protegeremos todos os arquivos da pasta **adm**, deixando somente os arquivos **index.php** e **falha.php** sem a restrição de acesso; o usuário deverá fazer o logon pela página **adm/index.php** antes de ter acesso às demais páginas da pasta **adm**.

Vamos iniciar pelo arquivo **menu.php**.

1. Abra o arquivo **menu.php** da pasta **adm**.
2. Dê um clique no botão (+) do painel "Comportamentos de servidor".
3. Posicione o ponteiro do mouse sobre a opção "Usar autenticação" e clique na opção "Restringir acesso à página".

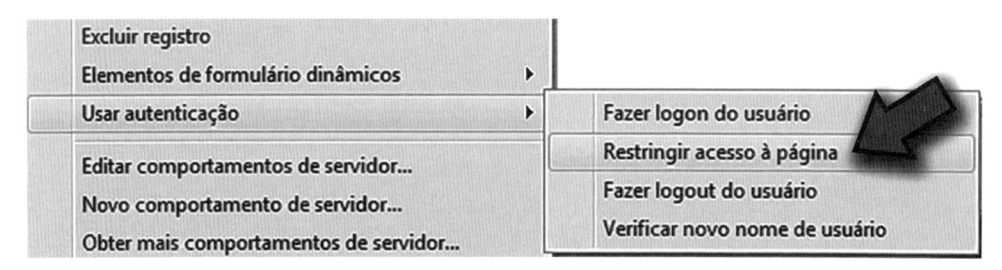

Figura 394

4. Na janela que será exibida, selecione em "Restringir com base em" a opção "Nome de usuário e senha" e digite o arquivo **index.php** na caixa "Se o acesso for negado, vá para" (Figura 395).

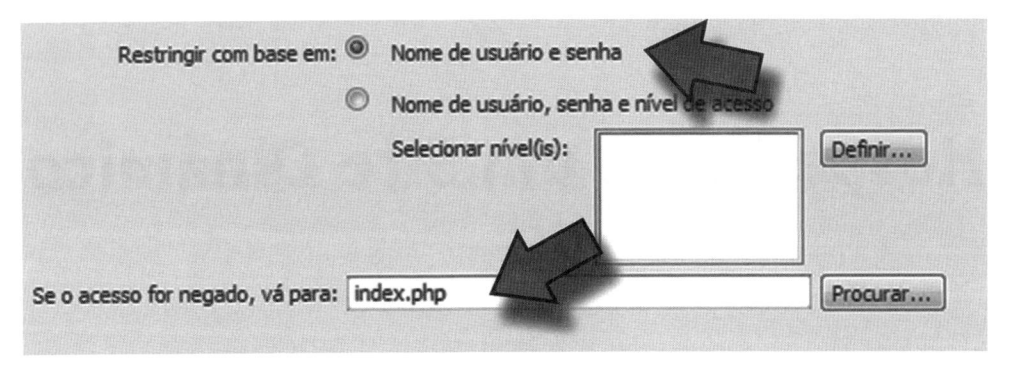

Figura 395

5. Clique no botão "OK".
6. Pressione as teclas Ctrl + S para salvar as alterações no arquivo.
7. Pressione a tecla F12 para testar o arquivo.

Observe que a página de logon será aberta, obrigando o usuário a indicar a senha de acesso no arquivo **menu.php**.

Caso a página menu.php seja exibida normalmente, apague os dados de navegação do browser. Em caso de dúvida consulte os links a seguir:

Mozilla Firefox: http://support.mozilla.org/pt-BR/kb/limpar-dados-pessoais

Google Chrome: https://support.google.com/chrome/answer/95582?hl=pt-BR

8. Repita este procedimento com os arquivos:

- **alterar.php**;
- **alteraregistro.php**;
- **novoregistro.php**;
- **excluir.php**;
- **inserir.php**;
- **tabela.php**.

Capítulo 22

Hospedando um Site Dinâmico

Nesta etapa final serão conhecidos os conceitos básicos de servidores web remotos para hospedagem e as ferramentas do Dreamweaver utilizadas para o processo de *upload* dos arquivos.

Depois de finalizar o desenvolvimento de um site, é muito provável que você queira hospedá-lo na internet. Para tal, você inicialmente precisará de um domínio.

22.1. Adquirindo domínio e hospedagem para o site

A maioria das empresas que hospedam sites oferece planos de venda conjugada, ou seja, além de oferecer a hospedagem do site na internet, vende o domínio. Algumas empresas somente oferecem domínios .com, .net etc. e outras oferecem também o domínio .com.br.

Você pode adquirir uma conta de hospedagem juntamente com o domínio do seu site, caso você não o tenha adquirido anteriormente em empresas especializadas. A maioria das empresas de hospedagem de sites oferece dois tipos de servidores: Windows e Linux. O site que desenvolvemos utiliza a linguagem PHP, portanto, o site da Imobiliária Avenida deverá ser hospedado em um servidor Linux.

Após obter uma conta de hospedagem, a empresa irá criar, juntamente com sua conta, um nome de usuário e um endereço FTP protegidos por uma senha. Por exemplo, vamos supor que o seu domínio seja meusite.com.br.

Nome de usuário: meusite

Endereço FTP: ftp://meusite.com.br

Senha: 123456

É com esse nome de usuário e endereço FTP que você poderá enviar os arquivos para o servidor remoto.

Outra coisa importante é que o banco de dados criado no servidor MySQL pelo EasyPHP deve ser recriado no servidor de hospedagem com a mesma estrutura criada no servidor local.

A empresa de hospedagem vai informar o endereço de conexão com o banco de dados criado. Você também deverá indicar uma senha de conexão com esse banco de dados criado. Essas informações de conexão com o banco de dados devem ser alteradas no arquivo **avenida.php** criado dentro da pasta **Connection** antes dos arquivos serem enviados para o servidor remoto, para que haja a conexão com o banco de dados criado.

1. Abra o arquivo **avenida.php** da pasta **Connection**.
2. Clique no botão "Código".

```
1   <?php
2   # FileName="Connection_php_mysql.htm"
3   # Type="MYSQL"
4   # HTTP="true"
5   $hostname_avenida = "localhost";
6   $database_avenida = "avenida";
7   $username_avenida = "root";
8   $password_avenida = "";
9   $avenida = mysql_pconnect($hostname_avenida,
    $username_avenida, $password_avenida) or trigger_error(
    mysql_error(),E_USER_ERROR);
10  ?>
```

Figura 396

As seguintes alterações devem ser realizadas no arquivo:

- O conteúdo da variável $hostname_avenida deve ser alterado para o endereço de conexão ao banco de dados indicado pela empresa de hospedagem.
- O conteúdo da variável $database_avenida deve ser alterado para o nome do banco de dados criado no servidor remoto.
- A variável $username_avenida deve ser alterada para o nome de usuário cadastrado no servidor remoto.
- Na variável $password_avenida deve ser informada a senha de acesso à conexão.

22.2. Enviando os arquivos para o servidor remoto

Com os dados de conexão FTP e com o banco de dados criado no servidor remoto, o próximo passo é enviar os arquivos para o servidor.

Os seguintes passos devem ser seguidos:

1. Dê um clique no menu "Site" e selecione a opção "Gerenciar sites".
2. Dê um clique duplo no site **Imobiliária Avenida**.
3. Clique na opção "Informações locais" da pasta "Configurações avançadas" (Figura 397).

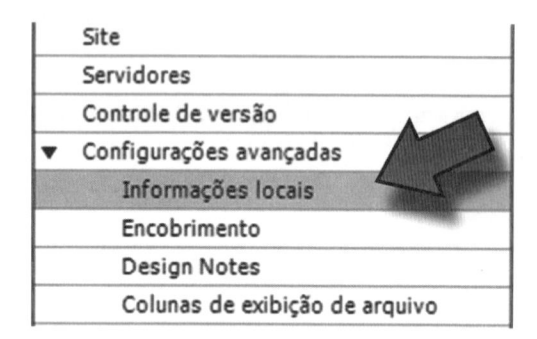

Figura 397

4. Clique no link "Alterar a URL da Web do servidor remoto", conforme Figura 398.

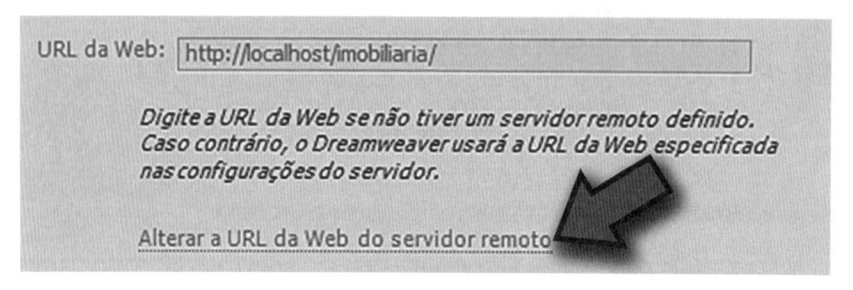

Figura 398

> *Obs.: neste exemplo, utilizaremos dados fictícios. Para realizar esta operação, você deverá ter uma conta em uma empresa de hospedagem e estar em posse do nome de usuário, senha e endereço FTP.*

5. Dê um clique na guia de seleção do item "Uso da conexão" (Figura 399).

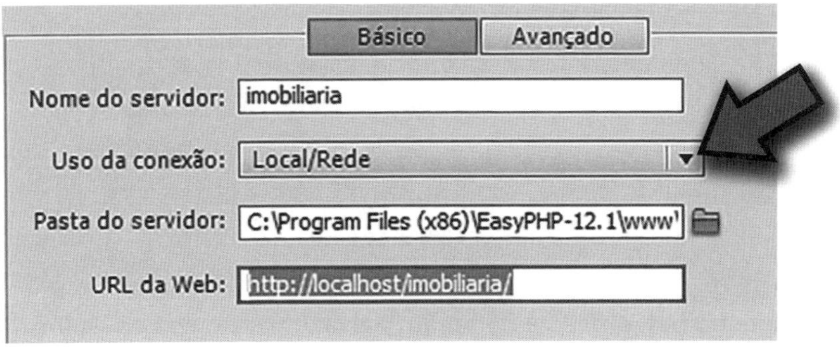

Figura 399

6. Selecione a opção "FTP".

O próximo passo é preencher os dados da conexão.

7. Preencha os dados da conexão FTP como indicado na Figura 400.

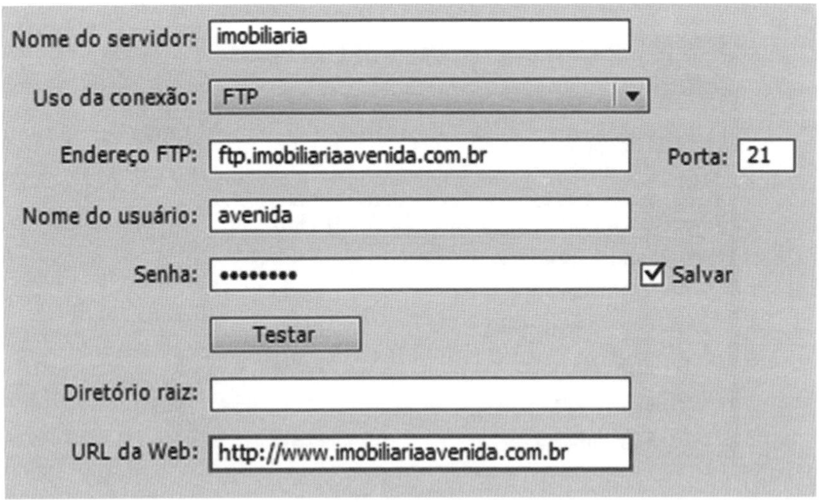

Figura 400

8. Clique no botão "Testar". Caso a conexão esteja correta, a seguinte mensagem será exibida (Figura 401):

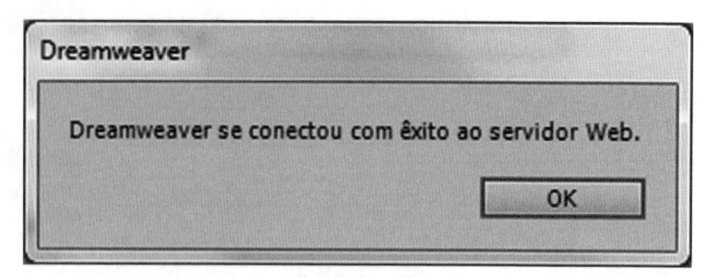

Figura 401

9. Clique no botão "OK" e no botão "Salvar", para salvar os dados da conexão.

10. Clique no botão "Salvar" para salvar as alterações no site Imobiliária Avenida.

O próximo passo é enviar os arquivos para o servidor remoto.

11. No painel "Arquivos", dê um clique na guia de seleção indicada na Figura 402.

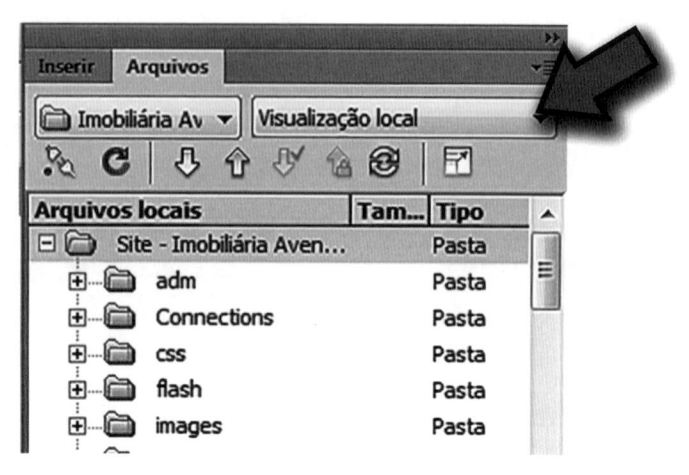

Figura 402

12. Selecione a opção "Servidor remoto".

Você vai observar que as pastas do servidor remoto serão exibidas.

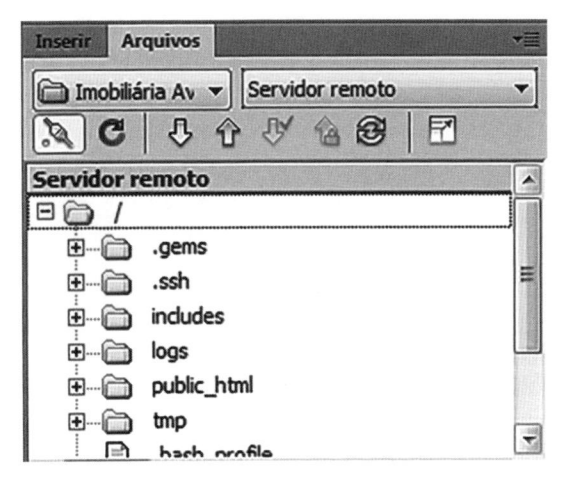

Figura 403

O *upload* dos arquivos deve ser feito para a pasta **public_html** ou **www**, depen-dendo da configuração do servidor remoto.

13. Neste exemplo, o servidor remoto apresenta a pasta **www**. Dê um clique duplo nela para abri-la.

14. Feito isso, basta clicar no botão "Colocar arquivos em servidor remoto" (Figura 404) que os arquivos da pasta **imobiliaria** do seu computador se-rão enviados para o servidor remoto, podendo ser acessados de qualquer lugar do mundo pela internet.

Figura 404

Caso você realize alguma alteração no site, basta clicar no botão "Sincronizar com o servidor remoto" (Figura 405) que os arquivos serão atualizados automaticamente.

Figura 405

Capítulo 23

Agora é com Você

Este site em desenvolvimento ainda não está completo. Caso você não tenha observado, é necessário ainda o desenvolvimento do arquivo **imoveis.php** e **lancamentos.php**.

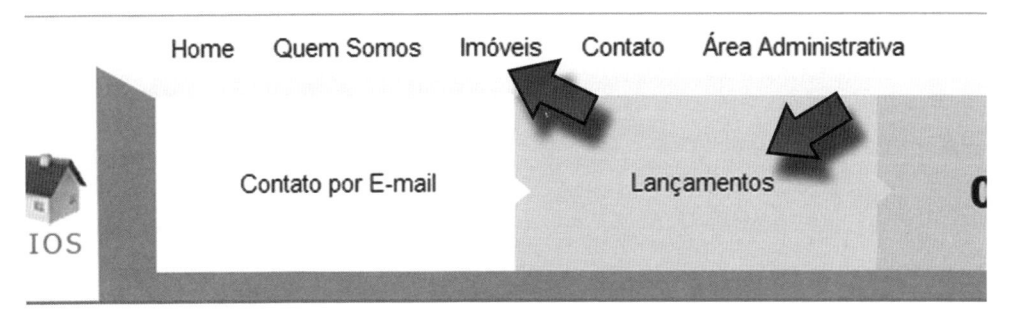

Figura 406

No arquivo **imoveis.php** deverão ser exibidos todos os imóveis cadastrados na tabela **imoveis** do banco de dados **avenida**, e no arquivo **lancamentos.php** deverão ser exibidos somente os imóveis cadastrados como lançamento no banco de dados.

Na pasta **imgs** você encontrará os arquivos **imoveis.png** e **lancamentos.png**, que poderão ser utilizados como fundo da *div* títulos. Utilize como referência o layout do arquivo **detalhes.php**.

Acompanhe a BRASPORT nas redes sociais e receba regularmente informações sobre atualizações, promoções e lançamentos.

@BRASPORT

/brasporteditora

/editorabrasport

editorabrasport.blogspot.com

/editorabrasport

Sua sugestão será bem-vinda!

Envie mensagem para **marketing@brasport.com.br** informando se deseja receber nossas newsletters através do seu e-mail.

edelbra

Impressão e Acabamento
E-mail: edelbra@edelbra.com.br
Fone/Fax: (54) 3520-5000

Impresso em Sistema CTP